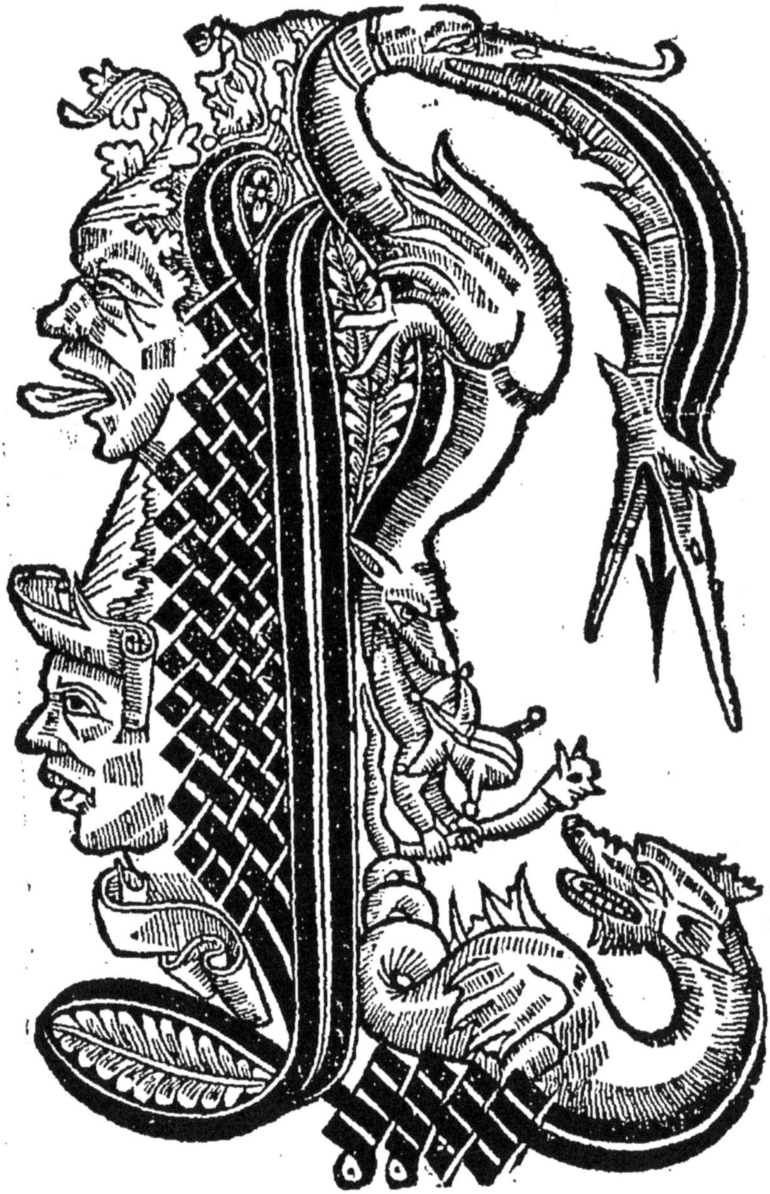

ystoire
des deux
vrays a-
mãs eu-
rial ⁊ la
belle lu-
creſſe.

Sensuyt lystoire de eurial et lucresse compilee par Enec siluius et translatee de latin en francoys par maistre Antithus chapellain de la saincte chapelle aux ducz de bourgoigne a digon a la priere et requeste des dames.

A la priere et requeste des dames
Ausquelles sont les bons obaissans
Sans vouloir dire choses qui soient infames
Sans adiouster ne minuer du sens
De ceste hystoire selon ce que ien scens
Ay prins audace faire translacion
Me soubmettant aux presens et absens
Drays orateurs et leur correction.

Sensuit lystoire de deux parfais amans
Dont a tousiours on parlera sans cesse
Car les latins lombars et alemans
Font mencion deutial et lucresse
Et mesmement gens remplis de sagesse
Comme enee iadis grant orateur
Le second tulle des eloquens ladresse
Qui de cecy fut le premier acteur.

Et se quelquun dit quil nest conuenable
De translater de latin en francoys
Le liure cy/et quil nest recepuable
Ains decepuable quasi en tous endroys
Ce non obstant dis en mon lour patoys
Qui touche bien pour femmes esuolees
Dont aux liseurs de ce laisse le choys
Prennent les bons laissent les soulees.

Le present liure tant en proses quem vers
Ou est comprinse partie de rethorique
Subtillement tenant moyens diuers
Des fais damours qui est chose publique
A mon pouoir par rime hermanetique
Didascalique/vireles/retrogrades
Laiz gracieux/et ditier prosaique
Ay translate par rondeaux et balades.

Premierement lespitre qui sensupt
Contient ou vray du tout entierement
Comment enee pour donner loz et bruyt
A marian sozin dit franchement
Quil estoit cil dessoubz le firmament

Qui en vertus estoit le plus parfait
Cela escript a gaspar humblement
Tout au plus tost que cest acte fut fait.

Sensuyt lespitre enuoyee par enee siluius a messire gaspar sicly seigneur de neufchastel & chancelier de lempereur sigismonde faicte a la louange de marian sozin cytoyen de sene/a la requeste du quel mist iadis par escript ceste psente hystoire ledit eneee.

Nee siluius poete & secrataire impial a magnifique & noble chancelier messire gasgar sicly seigneur de neufchastel/gouuerneur des terres de gee & de cupite salut. Marian sozin senois & mō frere de pays/hōme de grāt engin & en maintes sciēces eppt/si q̄ son semblable ne cuide iamais veoir ces tours passes ma reqs q̄ lystoire des deux amās luy voulsisse escripre/& ne luy chaloit cōme il disoit se en laissant a raconter sa pure verite ie entremellasse des fictions en maniere de poete. Doult vo° esmerueillerez de ouyr les grans des vertus & singulieres qualites de sa psone/en laquelle nature na riens obmis/fors quil est de petite stature/par quoy il deust estre de ma parente/dont le surnom est petis hommes. Mais nō obstant ce deuez scauoir quil est hōme eloquent/docteur es drops canon & ciuil/lequel de toutes hystoires a cognoissance/il est en poetrie treseppert/en philosophie le second platon/en geometrie boece/en arismetique macrobe/& en oultre vsite est en tous instrumens musicaulx/en aggriculture est saichant autant que virgille/

a iij

de toutes choses ciuiles ne luy est riens incogneu, & quant
a son petit corssage sa vigueur est suffisante destre compa
ree a eutelle, duquel Virgille parle & le dit estre souuerain
maistre en lart de lutter & de faire soupplesses, tellement q̃
en luy appert la commune opinion des anciens philoso/
phes, qui dyent q̃ plus riches & precieuses choses sont plu/
sieurs foys des petites choses que des grandes, comme on
voit par clere experience des dyamans rubis & aultres pi
erres precieuses, si que a luy se peult conuenablement ap/
pliquer ce que le bõ poete stacius escript a la singuliere lou
ange de lempereur tydee. Cestassauoir que vng bien pe/
tit corps recoit bien grandes & excellentes vertus. Par quoy
se les dieux eussent dõne a cest homme fortune de nõ estre
mortel on leust peult mettre ou ranc des deifiez, mais en/
tre les mortelz nest qui aye toute perfection, combien que
ie ne ay veu ne cogneu hõme plus mixte, ne a qui moins
de choses deffaillant que a cestuy, car en lart de painctre,
ce est digne destre loue autant que par les anciennes hy/
stoires est renomme appelles le souuerain paintre. Il nest
riens plus cler ne plus luysant que les liures qui sont es/
crips par ses mains. Auec ce il scet grauer & entailler com
me propitelle. Item en medicine il a tresbonne cognoissan
ce. Et que plus est ne sont a oublier ou obmettre en luy les
vertus moralles qui toutes les aultres guydent & gouuer/
nent, car iay en mes iours cogneu plusieurs notables gẽs
adonnez a toutes meurs & disciplines, & en ycelles moult
habondans, mais de choses ciuiles & gouuernement de la
chouse publique estoyent ignorans, comme a ce propos ie
raconteray de deux. Premierement de vng nomme paga/

ferien, lequel accusa son metoyer de larrecin, a loccasion
de ce que de sa trupe il luy apporta douze cochons, ⁊ de son
asnesse ne luy apporta que vng asnon, ⁊ disoit que de tant
que lasnesse estoit plus grant beste elle debuoit porter plus
grant fruyt en nombre que la trupe. Item dung aultre ap
pelle domicius docteur en droit natif de millan, lequel par
long temps cupda estre empraingt denfant, pource que de
nuyt en rendant le deuoir a sa femme il permist quelle tint
sa place ⁊ luy la spenne, touteffoys ces deux estoient tenus
des plus grans iuristes quon sceust de leur temps. En oul
tre moins ont este trouuez excellens lesquelz par leur vi/
ces ont estez raualez, mais le dessusdit marian entre les
clers est excellentement morigine, car premierement il est
liberal, paysible, bon protecteur des pouures pupilles,
aydent aux pouures vesues, confort a tous pouures ma/
lades ⁊ mandiens pour distribuer de ces biens affluamēt
⁊ oultre les aultres vertus en a deux dignes de memoire,
lune quen tous ses affaires il tient tousieurs vnemesme
contenance, comme nous lisons de socrates, car aduersite
nef force ou deprime son courage ⁊ pour aulcune prosperite il ne se mescognoit. Encores de toutes cautelles ⁊ trom/
peries il a cognoissance, non pas pour en vser, mais pour
sen scauoir garder, ⁊ de tous ses voisins ⁊ estrangers est
ayme. Pourquoy considere ce que dist est fort mesmerueil/
le dont vng homme si excellentement vertueux comme ce
stuy a este esmeu de moy requerir de composer tractie de si
legiere matiere. Touteffoys ie scay quil ne mest pas lici/
te de luy aulcune chose refuser, car pendant le temps que
estions demourans en la cite de feminine entre nous deux

se engendra une telle amour que oncques depuis elle ne
se diminua, pource que entre les aultres dons de nature
dont il est aorné il relupt par dessus tous, singulierement
en ce que lamour daultruy il ne souffre enuers luy estre in-
fructueuse. Donc quant de luy me suis veu prye, iay deli-
beré en moy ne luy point refuser ma peine descripre le cas
de ceulx amans tel quil aduint a sene la braye cité de Ve-
nus, en laquelle côme iay ouy dire vous fustes fort amou-
reulx pour leure que lempereur sigismonde y faisoit resid-
ence. Et dysopent tous ceulx qui vous cognoissent que en ce
temps estiez le plus victorieulx quon sceust en toute la cô-
pagnie, z pour celle heure rien ne se faisoyt qui touchast
amours qui ne vint a vostre cognoissance. Pource vous
prye que ceste hystoire vueillez cxprimer, affin que soyez
se en ycelle iay escript aultre chouse que verité, z ne vous
tourne a honte souuenir se iamais vous aduint riens de
ce que cy apres ourez, car celuy qui iamais ne sentit le feu
damours il fault dire quil est pierre ou beste, comme ainsi
soit que ceste flambe a penetré iusques oultre lair, z est al-
lee a la nouuelle des dieux.

   Lacteur en rime hermanetique retro-
   gradé en tous sens admonestant les
     pouures amoureux.

Epitez vous, tous parfays amoureux
Leuez les yeulx, prenez a cecy garde
Entendez tous, monstrez vous curieux
Soyez songneux, z plus fins que moustarde

De mieulx en mieulx/quoy que la chose tarde
A tous propos/vous trouuerez eureux
En tous bons lieux/qui quen blasonne ou larde
Vous aurez loz/malgre les enuieux

Se bien ces huit lines visez
Quarante & huit en y lisez.

S'ensuyt lespitre que enee siluius enuoya a marian sozin cytoyen de sene/a la requeste du quel ledit enee mist en latin lystoire presente qui aduint de deux amans en ladicte cite de sene.

Enee Siluius poete & secretaire iperial/a mariā sozin docteur es droys canō & ciuil & son citoyen salut. Vous me demādez chose nō couenable a mon aage & a la vostre fort ptraire & repugnāte/car a moy qui ay pres de .pl. ans nest seant de faire tractier damours/ne a vous q̄ en auez. l. nest quenable den ouyr/car telles choses affietēt aux ieunes courages pour eulx deliter/& a tēdres cueurs pour les requerir/car les vieulx sont aussi ꝓpices pour pser dmour cōme les ieunes gēs de prudence. & nest au monde chose plus difforme q̄ vielesse qui sans puissance desire plaisance charnelle. On voit biē les vieillars aimer mais non pas estre aimez/car tant matrones q̄ pucelles ont vielesse en despit & en desdaing/& nest femme aulcune qui de homme soit amoureuse se elle ne le voit en fleur de ieunesse/& se aultrement le dyent ce est abus & decepcion. Or quoy que ie aye ia passe le meilleur de mon aage & passe mydy.tyrant en venant au vespre de

Vieillesse le grant cours/ie scay que ie ne suis pas moins ydonne descripre damours que vous de mey requerir pour tant suis delibere de obtemperer a vostre requeste/car de tant que estes plus meur daage que ie/dautant est il plus cuenable que vous obaisse es loy de nostre amitie. Daultre part si grant sont les benefices que de vous ay receuz que de vous demandes nest chose que sceusse denyer/iasoit ce que en ycelle soit entremeslee chose de plaisance voluntayre. Je obayray donques a vostre demande tant de foys multipliee ⁊ puis ne denyray ce que de si grant desir requerez. Touteffoys mon intencion nest dy adiouster aulcune fiction ne de vser de stille poetique ainsi que souuent mauez prie de faire/veu que ie puis dire verite/car il nest celuy tant soit paruers qui vueille mentir quant par verite y peult obuier. Et pource que toute vostre vie auez este amoureux/⁊ nest encores le feu tout estaint/voulez que ie complie lystoire des deux amans/certes cest vostre hose ⁊ legier courage qui ne vous souffre estre vieulx/y quoy puis que ainsi est suis delibere d obtemperer a vostre plaisance. Touteffoys pour vostre descharge ⁊ la myenne ie vueil quon saiche quen tout luniuersel monde nest chouse plus commune que amours/comme ainsi soit quil ny ayt cite ville ne villaige qui en soit exempte/⁊ croy quil ny a homme ne femme en laage de quinze ans qui nayt sentu quelque peu de feu de la puissance damours/⁊ iuge p mon fait daultruy/car ie te cognoys en mon temps auoir euite mille perilz en amours/dont rens graces aux dieux/⁊ me tiens plus eureux que le dieu mars/lequel vulcan enchaina dune chaine de fer gisant auec dame venus/⁊ puis le

monstra aux dieux pour eulx en mocquer. Touteffoys ie
vueil parler daultres amours q̃ des myênes, affin q̃ en re
muant les cẽdres de mon feu ie trouue en mon fouyer quel
que petite estincelle qui encores ne soit estaincte. Je racon
teray donc vne amour merueilleuse et a peine creable p̃ la
q̃lle deux amans ont estez lung de laultre embrasez, et nen
tens racõter vieulx exẽples p̃ longuer de tẽps oublyez, cõ
me les amours de troye ou de babylône ains exposeray lẽ
brasee flamble damours q̃ de noz iours est aduenue a no/
stre cite de sene, entre deux amãs dõt lung a este ne soubz
aultre climat et cõtree que le nostre, duquel traicte son pou
ra tirer plus de prouffit quon ne cuide, car cõme ainsi soit
q̃ la iouuẽcelle dont sera lystoire cy apres declaree, apres q̃
elle eut perdu son amy rendit sa doulente ame en plourant
tresamerement, et apres son seruiteur et amy ouyant les dou
lentes nouuelles du trespas de sa dame tant quil vesquit
ne eut vne seule heure de ioye, cecy pourra estre vng grãt
et salutaire amonestement a toutes ieunes gens pour leur
faire escheuer toutes telles folles entreprinses et desordon
nez embrasemens. Pourquoy ie enorte toutes ieunes pu/
celles qui ce cas cy ouyront racõter, quelles ne croyent fol
lement apres lamour des iouuenceaulx, et se gardent den/
trer au deduyt ou gist si grant et perilleux danger, et ou il y
a plus daloes et amer que de miel, mais en delaissant tou/
tes mignotises lesq̃lles rendent hommes et femmes desuo
yez de leur entendemẽt se vueillant adonner a acquerir la
possession de vertus, lesquelles tant seulement peuent rẽ
dre leurs possesseurs bien eureux. Et sil est aulcun ou aul
cune en q̃ soient les maulx qui sont en amours mucez et ne

les sachent/par lystoire qui sensuyt en pourront auoir par-
faicte a pleniere cognoissance.

Rime didascalique a commencement
de lystoire presente.

Dant en la noble a grant cite de sene
Entra iadis en maieste haultainne
Sigismonde lempereur dalemaigne
E sa noblesse
Quel grant trinmphe/quel honneur/quel largesse

Quel hault recueil/quelle ioye et liesse
Luy fust lors faicte de toute gentilesse
A ses entrees
Chascun le scet/mais quattre mariees
Entre aultres choses luy furent presentees
Qui a leur mode estoyent tresbien parees
Dune parure
Lesquelles estoyent quasi dune estature
Dune mesme aage/dung taint/dune painture
Lors lempereur bouta toute sa cure
A les ouyr/
Et en soymesmes ne se peult contenir
Ains descendit du cheual pour venir
Au deuant delles/pour les enttretenir
Benignement.
Adonc se tourne et dit tout haultement
Les troys deesses que paris en dormant
Trouua iadis/se troys tant seulement
Estoyent pcy.
On pourroit prandre/et ie le croy ainsy
Car il nest hōme tant soit en grāt soucy
En les voyāt qui neust le cueur transsy
Tant sont polites.
Regardez les/quelz visaiges angeliques
Il nest possible veoir dames plus frisques
Plus gracieuses/ne si tresmagnifiques
Comme elles sont.
Lors eurēt honte & les yeulx baissez ont
Dont mille fois plus venustes se font

Pour la couleur ou beaulte se parfont
De toutes choses
Comme le liz mis auec rouges roses
Et nest viuant que en vers ou en pses
Sceust declairer tant fist il longues gloses
Leur excellence.
Entre lesquelles auoit preeminance
Tant en beaulte quen belle contenance
Dame lucresse/com par experiance
Chascun iugoit.
Ceste lucresse quasi vingt ans auoit
A vng viellart mariee elle estoit
Menelaus/par quoy douleur portoyt
Incomparable.
Car il nestoit ne beaul ne recepuable
Et qui pis est nestoit point agreable
Dont il receut vng tour moult decepuable
Et fut cornus
Ainsi aduient a ces viellars chenus
Qui cuident estre en amours chier tenus
Mays nul nen voy qui soyent entretenus
Sans fiction
Qui aultrement ledit/conclusion
Soyez certain que cest abusion/
Car en vieillesse na que confusion
Pourquoy disons
Que des viellars embrasez des tysons
Du feu damours de plusieurs nous lisons
Mays nulles dames ne trouons p raisons

Amant telz rongnes/
Car soyent pucelles/mariees/ou matrones
Religieuses tant conuerses que nonnes
Generalmant autant vielles que ieunes
Doyent enuis
Tous ces viellars qui sõt plus mors q̃ vifz
Qui pour deduyt demandent iour dauis
Tous endormis sans solas ne deuis
Si pouons dire
Que de telz gens ce nest que tout martyre
Et son les ayme ce nest que affin quon tire
Tout le contant quest en leur tirelire
Je vous asseure.
Or reuenons pour nostre fait conclure
Lucresse estoit de plus grant estature
Que les troys aultres/z auoyt cheuelure
Luysante z blonde/
Si que dicelle si grant beaulte redõte
Pour les ioyaulx questoyent tout a la ronde
De ses templettes qui nest rien en ce monde
Plus sumptueulx/
Ung large front/yeulx vers/tant gracieulx
Quelle pouoit occire si maydieulx
Et susciter tous pouures amoreulx
Dung seul regard/
Com cuppido qui frappe de son dard
Subtillement acoup sans dire gard
Dont en vng cueur vng feu sembrase z ard
Couuertement.

b ij

Apres estoit faicte si mistement
Qui nest vivãt qui sceust aulcunemēt
Bien desclairer au vray certainement
Sa grant beaute.
Son doulx maitien sa gracieusete
Petite bouche, pour singularite
Le nez traictiz, de bonne quantite
Et bonne myne.
Leures grossettes de couleur coraline
Joues vermeilles de blancheur cristaline
Si quelle auoit la face celestine
Comme y sembloit.
Et ne fut cil quant il la regardoit
Qui neust enuye du bien que possedoit
Indignement le mary qui lauoit
En mariage.
Que diray ie de son plaisant langaige
Oncqs la mere des gracques de son aage
Neust tel babil si subtil ne si sage
Comme lucresse.
De ses habis cestoit toute largesse
Et en son cueur auoit vne haultesse
Bien moderee par honte & par noblesse
Pourquoy de tous.
Estoit prisee, dont concluz a briefz motz
Quelle eut le bruyt et emporta le pris
De lassemblee, cõment a tous propos
Icy apres verrez par mes escrips.

Sensuyt la description de katherine petrisie lune des quattre mariees dessusdictes en ditier prosayque par moyen dune parenthese.

Nee sitlui° orateur & secretaire que dessus dit q̃ entre les quatre mariees dont cy dessus est faicte mētion fust vne nōnee katherine petrisie laq̃lle apres peu de tēps morut/& luy fist lēpereur cest hōneur q̃l voulust estre a son enterremēt & obseque & a vng sien filz cōbien quil fust moindre daage sur le tombel de sa feu mere donna lordre de cheualerie. Ceste katherine reluysoyt dune merueilleuse beaulte/mays en plus bas degres que lucresse/laquelle par dessus toutes auoyt le bruyt/car lempereur & tous les siens ne louerent ou regarderēt aultre q̃ ladicte lucresse/& brief en q̃lque lieu q̃lle se tournast les yeulx des assistās la suyuoyēt/& tout ainsi

6 ij

que orpheus au son de sa harpe tiroyt a soy les forestz & ros
ches/ainsi tiroyt ladicte lucresse a soy les cueurs des hom﹑
mes p ses doulx regars en quelque lieu quelle les sist.

La description de la forme & beaulte d'eurial en rime di
dascalique.

Ntre les gens de lempereur
Du estoyent plusieurs vassaulx
Nauoit homme de tel valeur
Tant sussant ilz especiaulx
Pour faire virades & saulx
Comme eurial le gracieux
Le plus loyal des amoureux
En laage de trente ans estoit
En la fleur de toute ieunesse

Sa beaulte moult le decoroit
Et pareillement sa richesse/
Au surplus toute gentilesse
Auoit en cueur ⁊ en courage
Tant estoit bening personnage.
  Et pour vous declairer comment
Il fust ⁊ de quelle estature
Corps dextre ⁊ soupple a commandt
Il auoit ie vous en asseure/
Et croy pour certain que nature
Nauoit en luy de rien meffait
Tant estoit entier ⁊ parfait.
Il fut prudent ⁊ liberal/
En meurs bien conditionne
Dessoubz le sceptre imperial
Estoit le mieulx reguerdonne
Le sien estoit habandonne
Dont il auoit en toute place
Bon loz/bon bruyt/⁊ bonne grace.
  Sur tous aultres il triumphoit
En habis/ioyaulx/pierrerie
Ses cheuaulx tous oussez auoit
De draps dor ⁊ orfauerie
En facon que enee lapparie
Au roy menon qui fut a troye
Et ce grant honneur luy ottroye.
  Donc puis quen luy nauoit deffault
De beaulte bonte ⁊ richesse
Cupido luy liura lassault

B iiij

Et se nect es laz de lucresse
Dont il souffrit griefue destresse
Comme vous ourrez reciter
Et ne sceust a ce resister.
　Combien point naima sans partie
Car de lucresse estoit aime
Damour reciproque impartie
Dont lung de laultre fust clame
Par quoy leur desir enflamme
Les brusoit dedans & dehors
Et nauoyent qung ame & ung corps.
　Or fut ce chose merueilleuse
Entre tant de beaulx cheualiers
Habillez de robes pompeuses
Mignons/gorgias/escuyers
Tant se monstrassent singuliers
Que lors lucresse en son degre
Choisit eurial en son gre.
　Pareillement de toutes dames
Qui furent en ceste assemblee
Sans charger les aultres de blasmee
Ou estoit beaulte ressemblee
En gettant les yeulx a semblee
Eurial pour mieulx se partir
Print lucresse sans departir.
　Tout fut fait ce iour la passa
Et fist lempereur son entree
Des lors eurial ne pensa
Fors que dacomplir sa pensee.

Daultre part pis que trespassee
Estoit en cueur dame lucresse
Qui suffroit tresgriefue destresse.
    Se de piramus & thisbee
On vouloit alleguer lystoire/
Ceste cy sera mieulx prisee
La rayson est assez notoire
Car il est par tout parentoire
Quilz estoyent voisins congneuz
Ceulx cy ne sestoyent iamays veuz.
    Et que plus de diuers langaiges
Estoyent/& ne pouoyent rien dire
Fors que denuoyer des messaiges
Lesquelz les pouoyent bien seduire
Et ne scauoyent leur fait conduire
Sans telz seruiteurs estrangers
Dōt furēt en tresgrāt dāgers.   Lacteur.
Lucresse nauree iusques au cueur
Oubliant destre mariee
Languissant en peine & douleur
De toute ioye separee
Comme vne femme desolee
Contoit ses doleurs & regres
Comme vous ourrez cy apres.
    Les regres de lucresse nauree du subtil feu
damours/cōmēt cupido le incitoit a faire & a
cōplir son desir/& rayson naturelle y resistoit.
    O cupido qui me tiens en tes las
Fay moy auoir mon desir & solas

Celuy dõt tu m'as au cueur naurée   Lucresse
Car ie languis/mon poure cueur est las
Et sans cesser me fait crier helas
Je suis au monde femme toute esgarée
De mon mary ie suis par trop tannée
Et ne scay chose qui me sceust resiouyr
Tout me desplaist chose n'est qui m'agrée
Fors que celuy de qui ie vueil iouyr.

   O maleureuse tu n'entens pas ton cas
Ta mort desires τ aussi ton trespas
De tout le mõde tu seras desp'sée.   Rayson
Regarde τ voy le tresperilleux pas
Ou tu te mez/car ie ne doubte pas
Se tu le voys que ne changes pensée
Que propos ne soyes pas insensée
Ains a moy prens ton refuge τ recours
Auise aussi que tu es mariée
Et laisse aller toutes folles amours.

   O mon espoir qui tire sans compas
Mon cueur a toy dont suffre maulx a tas
Ce nõ obstãt a toy me suys dõnée   Lucresse
Et si te plaist viure tu me feras
Pareillement aussi tu m'occiras
Car i'ay ma vie a ton vueil ordonnée
Et que plus est de cur h'abandonnée
Je suis a toy par vng ardant desir
Et n'ay desir de creature née
Fors q̃ de toy de q̃ ie vueil iouyr.   Rayson

   O noble dame tu t'en repentiras
Vise en toy mesme les honneurs que tu as

Et ne soyent point si tresdesordonnee
En ung estrange peult estre te syras
Dont en fin deceue te trouueras
Et demouras au monde infortunee/
Poise ces motz ne soy pas indignee
Mays de bōne heure viens a moy a secours
Pēse a garder ta bōne renōmee Et laisse ꝛc.

  O noble cueur sans lequel nay repos
Celuy q̄ iayme ꝛ clame a to⁹ ꝓpos   Lucresse
Pour qui ie souffre si griefue maladie
Se ie ne tay ie desire atropos
Pour me vanger ꝛ pour mettre en depos
Mon corps a elle comme femme estourdie
Car mon maleur me constraint que ie dye
Ma grant douleur ꝛ mon grief desplaisir
Et nay au cueur hōme q̄ soit ēuie fors q̄ ꝛc.

  O excellente dame digne de loz
De grant lignage yssue dire los
Ou pēse tu es tu femme taupe   Rayson
Tu trouueras plusieurs gentilz fallos
Mains escuyers/ꝛ mains beaulx dorelos
De ton pays ayant de toy enuye
Car soit a sene a millan ou pauie
Gouuerneras tous gorgias milours
Dōc pēse a toy ꝓmier q̄ te desuie Et laisse ꝛc.
Ie ne scay dame tant soit de hault courage
Selle veoit ung si beau ꝑsōnage   Lucresse
Car il est noble tresgracieux ꝛ sage
Quelle ne deust desirer de sauoir
Et a le veoir ne pourte pas visage

Pour me seduire trumper ou deceuoir
Par quey concluds qui le me fault auoir
Ou ie moray il nya nul remide
Ce non obstant dieu me vueille pouruoir
En me dōnāt bō ꝑfort ꝛ subside.　Rayson
Femme perdue/femme plaine de rage
Veulx tu ainsi rompre ton mariage
Habandonant tes parens ꝛ amys
Garde toy bien de fayre tel oultrage
Que de laysser ton mary/ton maingnage
Pour ten aler en estrange pays
Se tu le fays tu en auras le pys
Et ploureras en la fin de tes iours/
Tu doys tenir ce quas a dieu promis
Et delaisser toutes folles amours.　Lucresse
Quāt a ma mere elle est tousiours contrare
A mon vouloir ꝛ ce que ie vueil faire
Dont ne me chault delle que bien apoint/
De mon mary aussi ne me vueil taire
Il est estaint tout prest a soy retrayre
Dieulx me vaulsist que ie nen eusse point/
De mon pays ientens assez ce point
Que ie le tiens ou ie metz mon vouloir
Par quoy concludz pour final contrepoint
Que ne me doy pour tout cecy douloir.
　　　　　　　Lacteur
En tel estat demoura longuement
Dame lucresse/considerant comment
Elle pourroyt mettre affin son emprinse
Et eurial neust pas moindre tourment

Qui pourpensoit en soy iournellement
Par quel moyen se mettroyt en deuise
Chascun auoit sa volunte soubmise
Deliberee pour dire y sera fait
Car ilz amoyēt lung lautre sans faintise
Commēt apres vous verrez par effect.

 Le dieu damours auoit p son oultrage
Frappe ces deux dung dart de tel courage
Que lung sans laultre nauoit solas ne ioy
Sens/contenance perdoyēt en tout vsage
Silz se veoyent seulement au visage
Leurs cueurs auoyēt de liesse monioye
Brief ie scay bien que dire ne scauroye
A beaucoup pres lamour q̄ fut en eulx
Dont plus a plain affin quon y pouruoye
Icy en prose dirons vng mot ou deux

Prose eppilogale

Pour auoir aulcuns aduertissemēs de la matere precedēte est assauoir q̄ lucresse aps plusieurs regretz et argumēs faitz p elle en soy mesmes delibera mettāt arriere toute crainte de mettre a execution son desir/disant en ceste maniere. Se on veult dire q̄ ie perdray ma bonne renommee ie responds q̄l ne me chault de ce q̄ ne viēdra poit a ma congnoissance/et daultrept courage trop craintif ia ne viendra au dessus de son desir/et aussi ie ne seray pas seule q̄ auray cōmis vng tel cas/car helene de son bon gre voulut estre raupe p paris qui ne la print poit a force/pareillemēt adriane et medee/lesquelles selon les anciēnes hystoires estoyēt de maison royale. Or est il aisi q̄ celle q̄ peche auec plusieurs est de tāt moins a reprēdre. En ceste maniere cecy debatāt se endormit lucresse/et nest a douter q̄ eurial nen auoit pas moins. Aduint aps q̄ entre le logis de lempereur et de eurial estoit le logis d̄ lucresse en telle facon situe q̄ eurial ne pouoit aller au palais q̄ lucresse ne se mōstrast et pntast deuant ses yeulx/laq̄lle de la fenestre de sa maison moult doulcemēt le regardoit/et nestoit pas sans changer couleur/pourquoy lempereur eut sur eulx deux suspition damours. Et aisi que lempereur auoir de coustume de visiter la cite puis en vng lieu puis en laultre/souuēt son chemin sadōnoit a passer deuāt la maison de la dicte lucresse. Et aduit vng iour ainsi q̄l passoit il apperceut q̄ lucresse muoit couleur quant elle regardoit eurial leq̄l estoit pres de lempereur cōme son pmier mignon/ainsi q̄ meccnates se tenoit pres de octouiā/lors se retournāt lempereur vers eurial luy dit/

cōmēt eurial enchâtes tu ainsi les belles filles de soye ie croy q̄ ceste femme en veult a toy/ɤ incontināt qlz̄ furēt deuāt la maison d̄ lucresse lempereur c̄me enuieux a eurial q̄ pres de luy estoit tyra le chappeau sur ses yeulx en disant/maitenāt ne verras tu pas lucresse celle q̄ tu aime tant/ie iouyray de ce regart ɤ de ce biē/auq̄l respōdit eurial/a cesar q̄ voulez voꝰ ētēdre p̄ se signe/car quāt est de moy ie ny cognoys riē ɤ nay quelq̄ acointāce a elle ne elle a moy/pourquoy ne deuez ce faire/affin q̄ ceulx q̄ le voyēt neussent souspcō d̄ ce q̄ nest pas. or deuez scauoir q̄ eurial estoit mōte sur vn cheual ōgre nerueilleusemēt beau ɤ puissant/leq̄l quāt il se trouoit charge d̄ sō arnoys q̄ estoit tout dorfaurerie ɤ q̄l ouoyt le sō des trūpettes ɤ clarōs/il se gettoit en lair plꝰ hault q̄ luy/en facō q̄l faisoit rāc/ɤ luy failloit vne place grāde ɤ spacieuse/il auoit grās cris pēdās du coste dextre/ɤ quāt il estoit arreste tousiours auoit vng pie leue en lair/ɤ quasi de telle c̄tenāce estoit lucresse quāt elle veoit eurial/si q̄ ētre aultes foys elle se troua seulle en sa chābre ɤ ne pouoyt arrester en vn liu nō plꝰ q̄ le cheual deurial/ɤ ne scauoit tenir maniere ne c̄tenāce tellemēt estoyt frappee damours/ɤ ne plꝰ ne moīs q̄ en vng chāp d̄ bruyere biē seiche ouq̄l on a mis le feu ɤ art d̄ legier ɤ quāt le vēt se lieue ad̄c plus hault monte la flābe/peillement en la mour deurial se embrasoit la maleureuse lucresse. Et est bien vraye lauctorite des sages qui dient que es pouures ɤ petites maisons lesquelles sefforcent de eulx contēter de peu en icelles seulcment habite chastete/ɤ quiconcques iouyt des choses mondaines a souhait se fonde en folle plaisance qui est mignōne de fortune/laquelle prent son domicille

es grandes maisons delicieusemēt parees et acoustrees
Dōonc lucresse voyant souuent eurial qui passoit & ra
passoit pardeuant sa maison triūphant en diuers habis
neust en elle puissance de pouoir appaiser son ardeur/ et
pensoit en soymesmes a qui elle pourroit descouurir son
cas/saichant que celuy qui nourrist plus couuertement
le feu en son soing plus doloreusement se art et brulle/
et pource q̄ entre les aultres seruiteurs de son mary en y
auoit vng nomme zosias/lequel estoit francoys/hōme
viel/auquel son maistre auoit grant fiance & credit/ car
ia lauoit seruy long temps bien & loyaulment/a ceste oc
casion lucresse nōmoins se confiāt a sa nation francoy
se que a sa preudommie et grant discretion de sa person
ne/commenca a le tirer a soy per belles parolles aultre/
mēt quelle nauoit acoustume de faire en intētion de soy
descouurir a luy. Dr aduint que pendāt ce quilz parloy/
ent et deuisoyent ensemble lempereur acōpaigne de tou
te sa noblesse/cestassauoir grans barōs cheualiers et es
cuyers cheuauchoit par la cite/ et quant il fut pres de la
maison de lucresse/incontinent elle saillit a la fenestre/&
aps quelle eust apperceu eurial appella zosias & luy dist
viens ca vng peu et regarde a la fenestre assauoir se ia
mais en lieu ou tu fusses tu veys plus belle cōpaignie
de iouuenceaulx que celle que tu voys passer ne si riche
ment habilez/certes ce sont plus beaulx hōmes que nos
stre cōtree ne produit/mon dieu quelz corps/ quelz visai
ges/quelle taille de puissans et vaillans gens/ie cuyde
moy quilz soyent descenduz de la semēce des dieux/adōc
lucresse quasi rauie en continant son propos dist ce qui
sensuyt soy complaignant de fortune.

Lucresse

Elas fortune a quoy tien y
Que iadis ne feuz mariee
A vng tel mignon que voycy
Jestoye au monde bien euree
Mays par rigueur defordonnee
Tu ne mas pas voulu ce bien
Car a vng viellart fuys donnee
Qui ne me vient a gouft en rien.
    Pourtant me fault trouuer moyen
Dacquerre deurial la grace
Amour ma mis en fon lyen
Liee dung defir qui tout paffe
Dont il eft force que le face
Nul aultre ne me peult guerir
De ce fayre prendray laudace

Car languir vault pis que mourir.

Dis disposa dame lucresse
De declarer son poure cas
Et print en soymesme hardiesse
Pour en parler a zosias
En disant quelle ne cuide pas
Que de cecy fist iamays bruyt
Dont pour recouurer son soulas
Luy dit tout franc ce q̃ sensuyt. Lucresse

Osias mon bon seruiteur
En qui iay toute ma fiance
Je te requier de tout mon cueur
Que tu soye de mon aliance
Il ya vng mignon de france
Que tu voys passer plusieurs foys

Auec cesar comme ie pense
Que me dye se tu le cognoys.
     zosias
Quant a ce que me demandez
Bien le cognoys certainement
Mays ie ne scay comme entendez
Le surplus ne quoy ne comment
Pourtant declairez aultrement
Ce que vous auez en courage
Car ie nentens pas bonnement
Que veult dire vostre langage
     Lucresse
zosias ie me fie en toy
Et scay bien que point ne vouldroy
De deceler ainsi le croy

    c ij

Et aussi tu ne daigneroye
Jay choysy d'honneur la monioye
Eurial qui est en mon cueur
Tant quoublyer ne le scauroye
Dont ie souffre griefue douleur.
  Pourtant mon loyal seruiteur
Pour satiffaire a mon courage
Et appaiser la grant chaleur
Damours qui me tient en seruage
Je te prie fay moy vng message
Subit a toute diligence
Si que ie puisse a brief langage
Deurial auoir lacointance.
  Josias
Ha noble dame ne pensez
Que vueille tel crime permettre
Laissez ce que vous pourpensez
Jamays ne trayroye mon maistre
Vous voullez vous ainsi soubmettre
Par folle amour en grant danger
Et pour vne parolle ou lettre
Faire au vouloir dung estranger.
  Helas ma dame ayez regart
De quel lignage estes partie
Estaindez la flambe qui art
Tenez vous a vostre partie
Car de tout maulx seriez partie
Qui en scauroit vng tout seul mot
Toutesffoys a la departie

Vous scauez quen fin on scet tout
            Lucresse
Je scay que tu dys Petite
Mays mon vueil est a ce amort
Dont mest force & necessite
De poursuyuir iusques a la mort
Car sans cesser ay vng remort
Par ardeur quest en moy esprinse
Qui mon pouure cueur picque & r
Pour acomplir ceste entreprinse.
            zosias
Las pouure femme desolee
Cuide tu ton pecher celer
Veulx tu aimer a la volee
Vng qui demain sen veult aller
Veulx tu chascun faire parler
Veulx tu estre deshonnouree
Veulx tu ton bon bruyt raualler
Tu sceroys bien femme esgaree
    Se tes seruiteurs & seruantes
Cuydent tenir secret ton cas
Tu as des parens & parentes
Qui ne le te souffreront pas
Puis fenestres huys hault ou bas
Arbres paroys quoy quil en soy
Tacuseront nen doubte pas
Et aussi dieu qui tout preuoit
            Lucresse
Je cognoys bien que tu as droit
                                    n ij

Dan ie suis en si grant ardeur
Que plus tost la mort me prendroit
Que ie sceusse appaiser mon cueur
Tu me metz douleur sur douleur
Pourtant te prie par amytie
Mon bon amy et seruiteur
Que tu prengne de moy pitie.

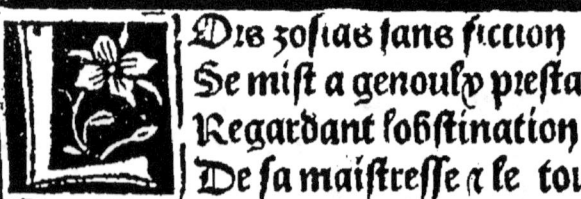
Dis zosias sans fiction
Se mist a genoulx prestament
Regardant lobstination
De sa maistresse et le tourment
En luy remonstrant humblement
Que pour lonneur de sa vieillesse
Quil auoit seruy longuement
Appaisast sa griefue tristesse.
    A quoy luy respondist lucresse

Pour toute resolucion
Que iamays nauroit au cueur cesse
Quelle neust satisfaction
Sans delle auoir compassion
De son desir entierement.
Ou pour sa resolucion
Soy tuer doleureusement.
  Quant le seruiteur apperceust
Le courage de sa maistresse
Lors parfaictement il cogneust
Quelle estoit en griefue destresse
Et luy dist par parolle expresse
Viure deuez non pas perir
Puis que vous prenez lardiesse
Que pour aymer voulez mourir.

Lucresse
Se iadis la noble lucresse
Femme au senateur colatin
Se tua pour la grant rudesse
De loutrage que fist tarquin
Si feray ie quelque matin
Et beaucop pis sy vient au fort
Car pour passer mon aduertin
Ie liuteray subit a mort
　　　　　zosias
Cela ne pourroy ie souffrir
Dame changez vostre courage
Auant ie me vouldroye offrir
Pour acomplir vostre message
Mays monstrez vous prudente et sage
Et refrenez vostre vouloir
Nayez pas le cueur si volage
Quapres vous en faille douloir.
　　　　　Lucresse
Quant iadiz la fille cathon
Porcia sceut la mort brutus
Son mary/grant peine mist on
Pour la rebouter en vertus/
Mays tout ny vallit deux festus
Car en fin elle se venga
Sans cousteaulx ou glesues pointus
Quant les charbons ardans manga
　　　　　zosias
Puis quen amours estes rauie

Faire fault de deux maulx le moindre
Prendre la fame pour la vie
Puis que point ne vous voulez faindre
Pourtant vous prometz que sans craindre
Acompliray de franc courage
Affin de vostre ardeur estaindre
Vers eurial vostre message.

Lacteur.

Doncques la pouure lucresse
Pour la promesse zosias
Recouura vng peu de liesse
Et eut espoir dauoir soulas
Combien que il nentendoit pas
De faire ce que dit auoit/
Car point nentendoit que le cas
Aduint comme on le conceuoit.

Lacteur en prose epylogale a la louange de zosias et de tous leurs loyaulx seruiteurs.

Osias bon iuste et loyal seruiteur cuydāt garder lonneur de son maistre, resistāt au vouloir de sa maistresse par plusieurs raysons et argumens cōme deuāt est dit, touchāt la charge q̄l auoit prinse et acceptee pour parler a eurial en soymesmes cōsidera la facon et maniere cōment il pourroit amoindrir la fureur du courage femenin, leq̄l souuēt par laps d tēps se change, pourquoy ainsi regardoit comment par faintes nouuelles et ioyeuses il pourroit gaygner temps iusques a ce que lempereur sen fust alle, ou quelle eust change courage, et ne luy voulust nyer de faire le message dont requis lauoit, pour paour quelle nen chargast aultre qui plus ligierement luy eust obey, ou quelle ne soccist de ses mains parquoy plusieurs fois faignoit ledit zosias daller et deuenir pour parler a eurial disant a lucresse comment il auoit fait et parler audit eurial, et cōment il estoit ioyeux de scauoyr telles nouuelles. Puis vne aultrefoys disoyt q̄ il ne demādoit q̄ oportunite pour pouoir parler a elle. Aultrefois trouuoit facon et maniere de soy faire enuoyer dehors d la ville, promettant faire merueille a son retour, si que en telles dilacions par mains iours tint en esbay la pouure lucresse. Et a celle fin q̄ par tout ne fust trouue mēteur vne foys parla audit eurial moult cautemēt en disant. O mō seigneur eurial se vous scauiez si biez cōme moy commēt es dames de ceste cite vous desirent vous seriez bien ioyeux. Puis passa oultre sans dire aultre chose. Lors se en

quist ledit eurial a toute diligence que cela vouloir etre car
desia estoit attaint de larc d cupido le dieu damours si que
a sa pensee ne donnoit iour ne nupt repos. Toutesfoys a
leure il ne cognoissoit point zosias/ ne pesa point q̃ vint
du lieu dont enuoye estoit. Et tout ainsi q̃ poures amãs
ne peuent auoir la millesiesme partie de ce qui desirent eu
rial considerant lardeur damours dont embrase estoit en
soymesme redarguant par sentement de rayson naturelle
commenca a dire ce qui sensuyt.
Rayson naturelle.

Insense comble de folye gouuernee p oultre
cuidãce ne cognoys tu les pilleuxp entcemetz
dõt sert le dieu damours car pour cours riz
lõgues q̃ grãs pilz pour petites ioyes grãdes
douleurs pour grãs labeurs petis guerdõs q̃ po cclusiõ q̃

conques ayme tousiours est mort et ne peult mourir/ pour quoy donc ces choses considerees te veulx tu plonger et noy cres fantasies damours/ ausquelles choses respondoit eurial en disant. Ce seroit a moy trop grant presumption de cuider resister aux puissances du dieu damours/ car il me sfier aussi bien destre amoureux comme a Julius cesar hanibal et alexandre qui estoyent chevalereux/ pareillement regardons les poetes renommes comme Virgille q pour cuider tenir sa dame entre ses bras fut pendu a une cor/ beille au milieu dune tour. Que dirons nous des grans philosophes qui ont escript lart de bien vivre et de bien mou rir/ comme aristote qui a eu le non de philosophe p excelle ce/ non obstant se une femme le chevaucha. En apres se parler voulons des empereux roys et princes qui sont aco parez aux dieux/ touteffoys ilz ne se peulent exempter de la puissance du dieu damours/ comme nous auons de her cules qui au vouloir dune femme laissa espee massue et la ce pour prendre une conoille a filer/ non obstant sa strenui te. Par quoy fault conclure que amours est une naturelle passion/ laquelle non seulement les hommes sentent mais aussi bestes oysiaulx de diuerses especes/ car comme sa phos escript une tourterelle noire est bien aymee dune verde et souuent ung coulon blanc se ioinct auec ung noir. Donc puis que amours vaint toutes choses crees/ ie concludz de obeir a amours. Apres toutes ces choses dictes se pen sa eurial comment il pourroit trouuer une propre messa giere damours laquelle portast une lettre a sa dame lucres se. ⁋Or auoyt ledit eurial ung moult secret compagnon lequel sappelloit nysus/ auquel moult se fyoyt/ car il estoit

subtil et cault en telles materes/lequel a la pie
te dudit eurial mist toute sa diligence de trou-
uer vne messagiere comme dist est/ et defait
en troua vne tresexperte en tel art/a la qlle
furent baillees des lettres pour pourter a la-
dicte lucresse contenant ce qui sensuyt.

    Lettres missiue en balade
Tresuoluntiers de cueur te saluroye
Ainsi que iay de toy sa souuenance
Mon seul refuge/mon soulas et ma ioye
Mais il nest pas en toute ma puissance
Ma vie de toy despendt sans difference
Pour ta beaulte ie suis en grant esmay
Et nest possible y mettre resistence
Car au vray dire ie tayme mieulx que moy.
    Quant ie te voy/tenir ne me pourroye
Detoy aymer/tu es a ma plaisance
Rien en ce monde ie ne desireroye
Fors que dauoir de toy quelque acointance
Sur toutes aultres tu es per excellence
Belle et honneste comme ie lappercoy
Vueille moy donc donner ta bienueillance
Car au vray dire ie tayme mieulx que moy.
    Tant seulement a toy parler vouldroye
De tout mon cueur sans cesser a toy pense
Et se mon mal en toy tu compassoye
De mes douleurs ie auroye allegence
Tu es ma vie et ma seule esperance

Conclusion Viure ne puis sans toy
Pluyse toy donc me donner audience
Car au vray dire ie tayme mieulx que moy
   Princesse τ dame en qui iay ma fiance
Pour moy getter de si terrible annoy
Rescrips moy brief a toute diligence
Car au vray dire ie tayme mieulx que moy
            Lacteur.

Pres donc que les lettres dessusdictes furent escriptes closes τ signees les bailla eurial a lamessagiere, laqlle a toute diligence sen ala le grãt pas dropt ala mayson de lucresse, laql le par aduẽture elle trouua toute seule τ luy dist. Noble dame le plus noble τ le plus puissant de toute la court de cesar vo'enuoye ces lettres, τ vo' supplie autant q'l peult q'l

vous plaise auoir de luy pitie. Or par grāt maleur estoit ceste messagiere notee en la cite coustumiere de ambassa/
des amoureuses faire/ce q̃ scauoit et cognoyssoit lucresse/
par quoy desplaisante estoit de ce q̃ vne si infame messagi
ere luy estoit enuoye/pourquoy dissimulāt visage furieux
se tourna vers elle et luy dist. Je me esmerueille cōme toy
infame femme et trop deshonneste as presume en toy de
prandre laudace de entrer en ma mayson/comment est tu
si insensee ou enragee de toy oser presenter deuant moy/et
comment ouse tu attenter les nobles et puissantes dames
pour leur cuider faire violer leurs legitimes mariages/se
rayson plus que fureur ne dominoit en moy ie te prēdroye
par les cheueulx. Te ose tu mettre en telle aduenture/ne
crains tu point parler a moy. As tu le courage si grant q̃
de moy regarder. Je te certefie que se ie ne doubtoye plus
mon honneur que le tien iamays ne partiroye hors de ma
mayson. Daten subit detestable sorciere desordōnee et prēs
tes lettres/mays baille les moy affin que les brulle en ta
p̃sence. Et lors par grāt fureur print les lettres a les mist
en pieces auant que les lire/et les getta dedans les cendres
disant en ceste maniere. Que deuroit on faire de toy truan
de paillarde qui es plus digne destre bruslee que de viure/
vuide hors de ceās/car se mon mary te trouue il te fera por
ter les peines que eu as desseruies/lesq̃lles ie te quitte et te
metz/y ainsi q̃ iamays ne te trouueras en ma p̃nce. Pour
ces polles et menasses ne se meut ou estonna ladicte messa
giere/car elle en auoyt ouy p̃ler daultres/et en soymesmes
pourpēsant que la coustume des dames est de respondre a

lo profite de leurs vouloirs/car leurs actez sont telz, des/
lors conclud & iuga en soy que Lucresse auoit grant affecti/
on & desir de vouloir entendre a ceste besoygne/ pourquoy
adressant sa parolle a Lucresse luy dist. Ha noble dame par
donnes moy/car ce que ien nay fait ie cuidoye qui vo9 vint
a tresgrant plaisir/donc puis que ainsi est ie vous prie ex/
cusez mon ignorance/toutesfoys regardez que vous refu/
sez & y pensez bien. Puis apres ces paroles se departit la/
dicte messagiere/laquelle au plus tost quelle eust trouuer
Eurial luy dist ce qui sensuyt. Ha noble amoureux prenez
en vous courage/car ie vous asseure que la dame ou vo9
mauez enuoye vous ayme mieulx que vous ne laymez/
mays il na este possible quelle vous peust rescripre pour
le present/ie lay trouuee toute seulette/mays aussi tost q̃l/
le a eu ses lettres elle a fait tresbonne chiere/& pour certa/
in en les lisant elle ses a baisees plus de mille foys pour/
quoy ne fay point de doubte que dedans brief temps vo9
enuoyra response. Et lors se departit la vielle & print con/
ge deurial/& se garda de soy iamays retrouuer deuant luy
doubtant que pour les faintes parolles quelle auoit dit/
tes elle neust des cops de baston. Or estoit Lucresse demou
tee seule en sa mayson/laquelle que incontinãt que la vi/
elle se departit diligẽment chercha es cendres les pieces de
ces lettres dessirees/lesquelles soigneusement elle rassem
bla en maniere quelle leut ce qui estoit dedans/& autãt de
foys quelle les leut/mille foys les baisa/& en fin les enue
loppa en vng beau drap & les mist auec ses ioyaulx preci/
eux/& tant plus quelle pensoit a ces lettres tant plus seny
uroit du beuurage amoureux/& finablemẽt ne se peult te/

se peust tenir de rescripre/combien quelle rescript au plus
loing de sa pensee selon la forme qui sensuyt.
    Rondeau contenant la responce de lucresse a eurial
        Deporte toy eurial car ie iure
        Que point ne suis ad ce habandonnee
        Na qui tu doiue femme desordonnee
Ainsi transmettre/car de toy ie nay cure.

Pourtant ailleurs cerche ton auenture
Par toy ne vueil ainsi estre affinee.
Deporte toy &c.iusques Ne a qui

Se tu cudoye que par folle escripture
Ou par messages ie feusse suborncee
Nennil pour vray/donc sans aultre traynee
Tiens moy en paix/& pour le fait conclure.
Deporte toy &c.
        Lacteur
    Este lettre responsiue combien q̃ eurial la trouuast
moult dure & rebelle & daultre effect que ne luy a
uoit raporte sa messagiere/touteffops luy mon-
stroit elle la voye & le chemin pour plus subtillement res-
cripre que denuoper vne femme notee/mais ce dont auoit
eurial plus d regretz cestoit quil ne scauoit poit la langue
ytalique/combien que pour le grant desir quil auoit de res-
cripre en brief temps facillement lapzint/& composa vnes
lettres p lesquelles premierement sexcusoit enuers ladicte
lucresse de ce quil luy auoit enuoye vne femme mal renom-
mee/de laquelle chose il se disoit non deuoir estre repris a
                                          d

cause quil estoit estrāger τ ne la cognoissoit point/τ aussi
ignoroit les coustumes de la cite/car la grant amour dōt
il estoit frappe le cōstraignoit a prendre tel message que
premierement luy feust baille. Disoit pareillement que il
ne pretendoit fors que a tout hōneur/τ la tenoit bonne τ
chaste femme considerant que femme qui a son honneur
perdu na chose en elle dont on la doiue louer/ car comb ē
que la beaulte dune femme soit vng bien moult delecta-
ble touteffoys ycelle beaulte est fragile τ de peu de duree
Mas se vne femme a beaulte τ chastete ensemble on la
doit honnourer pour plus tost estre diuine que humaine.
Or est ainsi q̄ ledit eurial veoit en lucresse ces deux grās
biēs estre cōpuns/ pourquoy estoit delibere non seulemēt
de laimer mais de la seruir τ honnourer comme sa seule
dame τ deesse/a laquelle nentendoit demander chose par
quoy son honneur peust estre amoindry/ ains seulement
requeroit parler a elle a celle fin que ce quil auoit sur le
cueur luy peust dire τ declarer de bouche mieulx que par
escript ne luy estoit possible de faire. Et en ceste substance
luy enuoya sa lettre ensemble vne moult riche bague dōt
la facon nestoit point moins a priser que la valeur de la
dicte bague. Or aps ce que lucresse eut receu lesdictes let
tres elle fist response comme il sensupt.

   Lettres enuoyees par lucresse
   a eurial.

Ay receu tes lettres par lesqlles premierement
te excuses de la deshôneste messagiere q nagai
res mas enuoyee/a quoy ie te respons q pour
le pnt en riês ne me cõplains quãt a ce. Et au
regart de ce que tu dis q tu maimes ie ne men esbays poit
car moins aultres que toy mont aymee a ayment/mays
tout ainsi quilz ont laboure en vain a labeurent aussi fe-
ras tu. Et au surplus dauoir langaige a parolle a moy ne
suis deliberee de le faire mesmement a seul/car il nest loisi-
ble/a ores que loisible seroit pas ne seroit possible/se par
art ne te trãsmuoyes en arondelle/veu que les murailles
de ma maysoy sont haultes a les estrees dicelle fermees clo
ses a bien gardees. Touchant la bague que tu me as en-
uoyee ie la retiês pour la beaulte de louurage dicelle pour
laquelle ie ay prins grant plaisir. Et a celle fin que envers
toy ne demeure de ce obligee ie te enuoye vng anneau dor/
dont la pierre nest point de moindre valeur que la bague
que ie retiens comme par maniere de vendicion. Et a dieu
A ces lettres repliqua eurial en ceste maniere.

Replique enuoye par eurial

Joyeux ie suis de ce que tu metz fin
A me impugner de ceste messagiere
Car ie ne tens rien faire fors qua fin
Que ie recouure de toy lamour entiere
Mais par parolles te monstre si tresfiere
Et dys tout franc quen vain du tout labeure
Par quoy ie nay repos vne seule heure.

Sans cāp de glaiue trop plus facilement
Par tes parolles tu me mettroys a mort
Que le plus grant dessoubz le firmament
Tant fust vaillant et courageux et fort
Pourtant mamye ne me blesse plus fort
Mais dit vng mot et me garde la vie
Car ma pensee si est en toy rauie.

Ce petit don tenuoye et te supplie
Que le recoiue de moy ioyeusement
Et ma demande soit par toy acomplie
Ma vie/ma ioye/et mon seul pensement/
Je vis sans vie/soulas mest grief torment
Fors seulement quay de toy souuenance/
Abrege donc ma griefue penitence

Responſe par lucreſſe a la replique deutial

Tresuoluntiers de mon cueur taymeroye
Et te voldroye de mon pouoir complaire
Mais ie cognoy qu e ie mabuseroye
Deuant mes yeulx le voy par exemplaire
Car plusieurs dames pour plaisir volūtaire
En ont eu piteuse destinee
Comme dido/adriane et medee
    Les dessusdictes pour estrangiers aymer
Se sont trouuees en grant peine et douleur
En aualant le faulx breuurage amer
De cupido et de sa grant chaleur
Par quoy concludz deuite ce maleur

Car se iamoye de volunte entiere
Je ne tiendroye ne mode ne maniere.
　Finablement ie cognoy clerement
Que longuement ne peulx demourer cy
Je feroye donc trop oultrageusement
Se promptement mabandonoye ainsi
Par quoy concludz pour euiter soussy
Laysser amours/toutessoys ie tenuoye
Ce don/priant a dieu quil te conuoye.

　Les lettres receues peut ial atāt ne se voult taire ains repliqua en la maniere z forme qui sensuyt.

Jeu te salue la maistresse de mon cueur ainsi q̃ par tes lettres ma salue la vie/cōbiē q̃ en la doulceur dicelles ayez voulu messer quelq̃ peu de amertume/toutessoys iespe q̃ aps q̃ nauras ouy q̃ tu te adoulciras. ie ay receu tes lettres p lesq̃lles me pries q̃ cesse de toy vouloir aimer/pource q̃ a toy nassiet daymer vng estrāger/z a ce ppos reciter les exemples de plusieurs femes q̃ pour aimer estrāgers se sōt trouuees pi teuses z desolees. Se tu voulopes me faire damours desi ster tu ne me deuoies poit si orneemēt ou elegāmēt rescrip re car dune petite estincelle tu as fait vng grant feu inex tinguible. Et en lisant ta lettre iay cogneu leaulte z intelli gence auec sapiēce cōioinctes en toy z me seroit a present aussi possible de nō toy aimer cōme au soleil de laisser son cours/aux montaignes estre sans neiges/z la mer sans poissons. Et au regart des exēples des femes q̃ p les hom

d iij

mes ont este deceues pour vne qui a este ainsi trompee et l'en trouuerope a l'opposite dix hõmes deceuz par femmes cõme troylus le filz du roy pryan par briseyda et plusieurs aultres telz. Que dirons no9 de circe qui p enchantemens muopt ses amis en diuerses especes de bestes, cõbien que ce seroit erreur se pour aulcunes en petit nõbre ont iugoit les aultres toutes semblable. On pouroit aussi dõner plusieurs aultres exemples, cõme anthenor et cheopatre et mains aultres dont a cause de briefte pour le prnt me tays. Ouide recite pareillement q̃ apres la destruction de troye la grãde plusieurs des grecz furent prins damours, lesquelz iamais ne retournerent en leur pays, mais habandonnerent royaulmes et signouries pour obeyr a leurs dames. Pource lucresse mamie cõsidere ces exẽples en delaissant ceulx qui cõtrariet a noz amours. Ma pensee est tellemẽt en toy fichee q̃ ie t'aimeray et a ppetuite seray tien. Ne me appelle plus estrãger, car iamais n'auray aultre pays fors la ou tu seras, et trouueray le moyen d'estre cõmis et lieutenant de par cesar en ceste prouince, donc ne te doubtes de mon departemẽt, car ainsi quilz est impossible de viure sans cueur, aussi m'est il de viure sans toy. Pourtãt prens pitie de ton seruiteur qui sont deuãt toy p peines intollerables cõme la naige deuant le soleil. Tu mas oste lusage d boire manger et dormir, car incessanmẽt a toy ie pẽse. Dõc matresse honnouree dame se tu me vse de si grant cruaulte pour trop aymer que faras tu a ceulx qui mal te vouldrõt Pourtant mon salut et refuge recoys moy en ta grace. Aultre chose ne desire fors q̃ me puisse nommer ton seruiteur. Et a dieu ma seule esperance.

    Lacteur.

Ors com la tour dedans rõpue
Qui p dehors est toute entiere
Se trouua lucresse abatue
Et raupe en ceste matiere
Et rescripuit en tel maniere
A eurial par motz eppres
Comme vous verrez cy apres.
Lucresse

R nest loisible q puisse pl' souir
Ma tõ vouloir en riens ptrarier
nõ doulx ami a toi veueil obeir
Mon cueur se veult auec le tien lyer
Ne vueilles donc a iamais oublier
Ce que promis as par ton escripture
Puis que me metz en si grande auenture
A toy me donne/a toy prens mon refuge
Tu tiens mõ cueur en vray possession
Des maintenant ne quiers aultre confuge
Fors demourer en ta dilection
Tu es ma ioye et ma protection
Preserue moy dennuy et de danger/
Car a iamays ne te vouldray changer.

Garde la foy qung amant doit auoir
Quaut aimer veult de frãc cueur loyaulmẽt
Et de ma part ie feray mon deuoir
Acomplissant ton vueil entierement
Et a dieu soyes mon tresdoulx pensement
Qui en soulas longuement te maintenne
Auec celle qui se dit du tout tienne.

d iij

Lacteur

Apres cest epistre plusieurs aultres furent enuoyees tant du coste deurial q̃ de lucresse/ et selung escriuoit subtillemẽt et orneement nest a doubter q̃ laultre respõdoit de mesmes. Or auoyent ilz vng mesme desir/ cestassauoir de culp trouuer ensemble/laq̃lle chose estoit moult difficille et cõme ĩpossible a faire/car chascun tenoit les yeulp sur lucresse/ oultre plus iamais nestoit sans suyte et ne gardoit point mieulp arg° la vache de iuno q̃ menelaus faisoit garder lucresse. Or est vne chose entre les ytaliẽs õ garder leur femme cõme leur tresor a mon iugemẽt moins q̃ prouffitable/attendu q̃ femmes desirent ce que plus leur est deffendu/ et tant quelles ont plus de liberte moins se deusoyent/ car garder vne femme oultre son veul est aussi facile que garder vng troppeau de puces au soleil bien chault. Et brief la femme est de si estrange nature et difficile a dompter que par vng dur frayn ne veult estre gouuernee. Or auoit lucresse vng sien frere bastard/au quel souuant auoit donne charge de porter lettres a eurial/ lequel reuela tout le secret des amours audit eurial/et feirent entreprinse de soy trouuer en certaine mayson de la mere dudit bastard/ laquelle entreprinse fust descouuerte/ et sey apparceut la maratre õ lucresse/ et chassa hors de la mayson ledit bastard lequel annunca a eurial les piteuses nouuelles qui ne luy furent pas moins griefues que a lucresse/ laquelle apres quelle veit que par ceste voye ne pouoit faire son desir conclut q̃ par aultre voye le seroit/a laquelle ne scauoit obuier a sa dicte maratre. Ladicte lucresse auoit vng voisin nomme

pandalus auquel elle auoit ia dit le secret de son amour/et de fait manda a eurial quil parlast a pandaluc car il estoit seur/et luy monstreroit la voye pour soy assembler/touttesfoys ne sembla pas audit eurial chose seure de soy fier audit pandalus/pource que plusieurs foys les auoit veu menelaus/et luy parler emsemble/pourquoy differa certains iours. Et pendant ce temps commenda lempereur a eurial daler a romme vers le saint pere pour le fait de son couronnement/laquelle chose depleust fort tant a luy que a sa dame/combien qui failloit obeir ce que il fist/et demoura lespace de deulx moys/durant lequel temps lucresse se tint en sa maison sans yssir hors/et ne sabilloit que de noir comme celle pourtast le dueil/dont tout le monde sesbahissoit/et ne pouoit on scauoir la cause qui la mouoit a ce/par quoy chascun comme se le soleil eust este obscure cudoyent estre en tenebres et ne la peult nul resioyr iusques au iour quelle sceut que eurial reuint/et que lempereur alloit au deuant de luy/mays alors commenca leuer les yeulx laisser les robes de dueil/soy parer et venir aux fenestres attendant qui passast. Et a leure que lempereur arriua au droit de la maison/et il apperceut lucresse ce que pendant le temps de lapsence de eurial nauoit fait commenca a dire. Or ne nye plus rien mon mignon eurial/car a ceste heure ton cas est descouuert. car pendant que tu as este dehors ne a este en puissance de homme de pouoir veoir lucresse/a quoy respondit eurial/ha sire il le vous plaist a dire. En ce disant sentregettetent les deux amans vng doulx regart qui fut le premier bien quilz receurent apres le doulent voyage.
Or est assauoir que peu de temps apres vng nomme nysus

loyal compagnon d'eurial voyant le grief martyre de son loyal amy esmeu de compassion sefforça d'trouuer remede a sa maladie/ɾ aduisa une tauerne situee derriere la mayson de menelaus/de laquelle facillement on pouoit veoir en la chambre de lucresse/ɾ y mena ledit nysus eurial dont il fut moult content. Or entre la mayson de lucresse ɾ ladicte tauerne auoit une estroite ruelle en laquelle on gettoyt toutes imundices. En ceste ruelle demoura longuement eurial attendant se par cas dauenture lucresse vieñdroit celle part/ɾ ne fuit point frustre de son entente/car en fin elle vint a la fenestre q̃ respondit sur ladicte ruelle/ a laqlle dit eurial. O gouuernetesse de mon cueur ɾ de ma vie ou regarde tu/adresse des yeulx ycy mõ seul cõfort. Adõc lucresse resprinse dune grãt ioye dit. O chier amoureux eurial q̃ pleust a dieu q̃ ainsi q̃ ie puis pler a toy q̃ ainsi te peusse ie tenir entre mes bras. A quoy respondit eurial. Helas mamye ce ne seroit pas grãt trauail de dresser ycy une eschielle ɾ q̃ tu fermasse luys de ta chãbre/car tropt longuemẽt a uous differe la ioye de noz amours. Ha mon amy ainsi ne se peult faire/car le danger y est trop eminant/mais ne te soucye/car ie trouueray le moyẽ p̃ une aultre voye. Ha dist erual mamye ce mest une mort de ceste veue puis q̃ aultrement ne puis approcher de toy. Aps long tẽps eurẽt entre eulx telles ou semblables polles p̃ une cãne/ɾ sentredõnerent des dõs/ɾ ne fut moins lõg q̃ laultre large en ses dõs Aduint q̃ d' ceste assemblee sappceut zosias seql en soymesme dist. Or voy ie biẽ q̃ en vain ie resiste aux effors ɾ être prinses de ces deux amãs/ɾ q̃ se ie ny pcede subtillemẽt q̃ ma dame se pdera ɾ sera sa maison infame/ p quoy de ces deux maulx fault euiter le pire/ie voy q̃lle est deliberee de

aymer laqlle chose ne nuyra gaires mais qlle y face secre-
tement/ie la cognoy auueuglee en amours/ie ne puis gar
der sa chastete ie garderay lōneur de sa maysõ/ie vueil p
ser a elle τ cōduire son cas au mieulx q pourray. Et apres
q tout cecy eust debatu en soy il veit lucresse yssir de sa chã
bre/τ marchãt au deuant delle luy cōmanca a dire. Ha ma
dame q est ce a dire q ne me cōmunique plus riens de tes
amours cōme tu souloyes/cōme ie cognoisse q de plus en
plus soyes embrasee de lamour deurial. Et pource affin
q la chose soit secrete pour dieu aduise en q tu te fyes/car le
pmier degre de sapiēce est non aimer/τ le second daimer se
cretement. Or ne peulx tu ce faire seule/ie croy que tu co-
gnoys cōbien iayme toy τ eurial/car iay este τ suis tō loy
al seruiteur/pource se de moy te veulx aider ne fais q cō-
māder. quāt lucresse eust ainsi ouy zosias elle luy dist. mō
seruiteur ie scay q ce q tu dis est vray/p crainte me suis ce
lee de toy/mais puis q ie cognoy tō courage τ q tu cognois
q tous deux sommes embrasez du feu damours ie te sup-
plie pour mettre fin a ceste griefue douleur τ pour mode-
rer nostre amour q tu voise vs eurial pour luy enseigner
la facon cōmēt il pourra venir pler a moy. Il mest aduis
q dedãs troys iours noz sōmiers apporterõt les blez q doy-
uent se eurial se abilloit en guise de portefais iusqs a ce ql
eust descharge son blez en redescēdant le dernier facilemēt
pourroit entre en ma chābre ou il me trouueroit seule/a la
quelle respondit zosias que de ce pnoit la cōmissiõ τ de fa
it sen ala a curial τ luy declara lentreprinse/lequel la trou
ua facile τ ne luy estoit riens ipossible/τ ne luy estoit grief
si nõ de la prolixite du temps. Et sur ce pas est a noter le
hault courage τ insense vouloir dung pouure amant.

Lacteur en facon satirique.

Insensé cueur amoureux
Qui hault danger trouue legier
Qui douloreux fais gracieux
Qui ne te scez comment ranger
De rayson te Veulx estranger
Comme brutal sans esperitz
Desprisant tous mortelz perilz
O pensee aueuglee & obscure
Priuee de memoire & de sens
Qui ton corps metz a lauenture
Ton honneur & fame en tous sens
Dont vient cela que tu consens
De faire chose si estrange
Pour perdre ton bruyt & louange.

O cueur hardi qui es sans crainte
Qui ne doubte ne loix ne droys
Vertu est bien en toy estainte
Et deffaillie en tous endroys
Quant tu charge le fays et poys
Sur ton col comme ung portefays
Semblable a monstre contrefays.

Cest ce que ouide nous recite
Du liure de methamorphose
Et maro le grant poetiste
Quant le circe dist et propose
Quelle muoit sans longue pose
Gens en bestes soubdainement.
Qui perdoyent tout entendement.

Donct pour laisser prolixite
Qui trauaille trop ma memoire
Tel peine et tel calamine
Lairons pour interlocutoire
Et reuiendrons a nostre hystoyre
Declarant par tresbonne guise
Quil aduint de leur entreprinse.

Leure q̃ apollo rent a chascune chose sa cou-
leur le iour prefix et desire par eurial et lucres-
se Veuu se trouua ledit eurial la compagnie
des portefais/ et marcha auec eulx en la may-
son de lucresse charge de son sac plain de blez/ et aps ce q̃ au
grenier leust decharge Volut descēdre le dernier ainsi q̃ p le
dit zosias luy auoit este dit et quāt il se trouua a sādroit de
luys de la chābre le bouta cōbien q̃l semblast estre ferme/ et

entra dedans la dicte chambre ou il trouua lucresse toute
seule qui besongnoit en soye/ en approchant de elle come
ca la saluer en disant. Eurial

Mon espoir et moy seul souuenir
Il me souffist que te puisse tenir
Entre mes bras pour eternelle ioye
Eureux ie suis quant iay peu paruenir
A ce hault bien de mamye obtenir
Maintenant peult mon cueur cryer monioye
Car en ce monde riens ie ne desiroye
Fors vous maniours que voys deuant mes yeulx
Dont suis frappe et raup iusques es cieulx. Lacteur
De primeface le trouua lucresse toute esbahie/cuidant
mieulx veoir ung esprit q̃ son amy eurial/car elle nauoyt
peu croire q̃ ung tel et si grant home se fust expose a si grãt

dāger/ mais apres ce q eurial seust p plusieurs foys bai-
see et acolee elle se recogneut et luy dist en ceste maniere.
Lucresse
O mon amy mon soulas et desir
Sur tous viuans ie tay voulu choisir
Pour vray amy et loyal seruiteur
Donc a ceste heure say de moy ton plaisir
Embrasse moy a cop viens moy saisir
Car deux corps sommes et si nauons qung cueur
Leure est venue que fortune et bon eur
Nous ont donne pouoir et faculte
Pour acomplir damour la volunte.

E pendāt q eurial et lucresse cuidoyēt receuoir le
hault bien et souuerain guerdon de amours so-
sias qui faisoit le guet vit hurter a la porte de la
chābre et leur dist. gardez vo° pures amās de menelaus
qui vient en ceste chambre/ pour quelle chose ie ne scay/ se

sez vostre cas au mieulx que vous povez si que p cautelle
cest homme soit abusé car de saillir hors pour ceste heure
nest possible. Lors dist lucresse a eurial, mõ amy il y a des
soubz nostre lit vne musse tressecrete en laquelle nous met
tons toutes noz pcieuses choses, entre dedãs secretemẽt
& garde de toy remuer & õ toussir ou cracher en facon que
ce soit. Alors eurial tresdoubteux de ce quil auoit a faire
voyãt que aultre remede ny auoit obeyt au cõmandemẽt
de lucresse. Et ce fait lucresse va ouurir tous les huys de
sa chambre, & retourna a son ouurage de soye. Adonc me
nelaus & vng aultre homme de la cité entrerent en la chã
bre pour querir aulcunes lettres q̃ a leur chose publique
appartenoit, lesquelles quant point ne les trouua mene
laus dit quelles deuoiẽt estre en la musse ou estoit eurial
& demanda a lucresse de la chandelle pour y regarder, des
quelles parolles fut moult espouante eurial & pres hors
du sens, doubtãt que lucresse neust faicte ceste emprinse
pour le deceuoir dist en soymesme ce qui sensuyt.

Eurial
O fol abusé & infame
Que pourra dire lempereur
Mourir te fault pour vne femme
A grant blasme & grant deshonneur
O foible & desordonne cueur
Qui ta fait cy venir loger
Dieu mon souuerain createur
Preserue moy de ce danger.
O fol remply de vanite
Chascun cognoistra ta follie

Par tout a perpetuite
Sera ta renommee faillye
Dilipendee orde et souillye
Et dhonneur tousiours estranger
Glorieuse Vierge marie
Preserue moy de ce danger

 O faintise deception
Qui ma mis en ce desarroy
O griefue desolacion
Obscur et tenebreux charroy
Je suis ycy prins a la roy
Pres de la mort pour abreger
Pourtant ihesus souuerain roy
Preserue moy de ce danger.

 Prince iamays en tel contray
Ne feuz vueille ce dueil changer
Humblement ie me rens a toy
Preserue moy de ce danger.

   Lacteur.

Il est assauoir q̄ nõ obstant q̄ eurial fust en si maginacion que aues ouye que lucresse d son coste ne estoit poit moins trauaillee/laquelle nestoit pas seulemēt tāt craintiue de soy cõme de son amy eurial. Or est vray q̄ en tous perilz et cas subdains lengin de femme est plus prompt a trouuer remede que celuy de lõme/comme a ce besoing bien le monstra lucresse/ car par soudain aduis destourna son mary de regarder en la musse/en disant et affermant quelle auoit veu mettre certaines lettres en vng petit coffre qui estoit sur vne fenestre/et

e

pource regardons se elles que vous querez y seroyent po-
sut/adonc courut legieremēt audit coffre/ʑ faignāt d lou-
urir legetta du hault de la fenestre en la rue/puis cõme fē
me esbaye cõmēca a crier ʑ dist a son mary.Ha mon amy
menelaus le coffre ou sont noz meilleurs bagues est cheut
en la rue ainsi ʠ ie louurope pour cerche les lettres ʠ demā
dez/pourtant auācez vo9 de courir ʠ le coffre ʑ les bagues
ne soyent pduez ʑ ie regarderay p la fenestre ʠ nul ny mets
te la main. Sur ce point ycy est a noter laudace feminine/
ʑ se bon vous semble adioustez foy a tout ce ʠlles vous di
ront/ʑ tout biē cõsidere trouueres ʠ en ce cas les hommes
especiallemēt les maries sont souuēt plus eureux ʠ sages
car nul est tant soit sage cler voiāt qui de femme naist este
trumpe ʑ deceu.Et pour retourne a nostre ppos menela9
ʑ son compaignon descēdirent hastiuement pour aller que
re ledit coffre a cause des bagues ʑ lettres qui estoyent de

dans. Or eſtoit la maiſon haulte/p quoy eurial euſt aſſez
eſpace de changer lieu et place/lequel p le cõſeil de lucreſſe
ſe miſt en ung aultre lieu. Menelaus et Bretus vont reue
nir et aporter ledit couffre puis cercher en ten la muſſe ou il
eſtoit parauant muſſe eurial et trouuerẽt les lettres q̃l que
ropent ilz ſen vont et cõmãdent lucreſſe a dieu. Lors ne fut
lucreſſe negligẽte daller fermer les huys/et puis ſe trãſpor
ta vers ſon amy eurial et luy diſt ce qui ſenſuyt
Lucreſſe

Viens dehors mon amy parfait
Ma fontaine et ſource de ioye
Par qui mon cueur eſt tout refait
Tu es mon ſoulas et ma ioye
Viens que ie tiengne et te voye
Mon ſeul bien et mon ſeul plaiſir

Sans danger peulx aller par voye
Et acomplir tout ton desir.
　　Se fortune par sa faintise
Nous a cuide estre contraire
Cupido qui nous fauorise
La incontinent fait retraire
Viens dehors nous auec beau faire
Embrasse moy mon souuenir
En oubly metz tout nostre affaire
Car a ton gre me peulx tenir.
　　　　Lacteur.
　　Alors ne se peult contenir
Eurial/mais va q lembrasse
Et ne se scauoit maintenir
Veant de beaulte soustrepasse
En disant tout bas a voix casse
Sans mouuoir ne noyse ne bruyt
Se recommandant a sa grace
Treshumblement ce qui sensuyt.
　　　　Eurial
　　Se iay eu grant paour q destresse
Se nest ce pas a comparer
A la beaulte de ma maistresse
A la ioye/a la grant liesse
Que maintenant puis recouurer
Car nature a volu ouurer
Et mettre en elle son chief doeuure
Comme souurage se desqueuure.
　　　　Et se cent foys mourir pouoye
Pour iouyr de son amitie

Tresuoluntiers ie le seroye
Ne iamays ny contrediroye
Pour prendre de ma vie pitie
Par elle lopaulment tractie
Je suis trouue a bien serup
Sans ce que leusse desserup.
   O ma doulce felicite
Est ce songe ou se ie te tiens
Du parfaicte suauite
Jamais a perpetuite
Ne seray aultre que des tiens
O cupido tousiours maintiens
Tes seruans en bonne vnion
Sans faire separacion.
        Lacteur.

ucresse en cotte simple estoit
Faictisse tresplaisant et ioincte
Quant eurial la regardoit
La toucher point ne le gardoit
Qui ne la cuidast chose fainte
Car oncques belle ymage paincte
Ne fust si tresresplendissant
Que la grant beaulte delle yssant.

 Eurial prins et surpris
Damour et de son aguillon
Sans auoir paour destre repris
Mettant tout danger a mespris
Comme vng legier esmerillon
Dist par vng soubdain turbillon
Prenons damour la iouyssance
Puis que temps auons et puissance.

 A ce lucresse resistoit
Par honneur contre son desir
Disant que son honneur doubtoit
Et que selle se submettoit
Auoir en pourroit desplaisir
Ne nentendit aultre plaisir
Rendre pour son amy aysier
Fors seulement vng franc baisier.

 Eurial dist en soubzriant
A lucresse sa doulce amye
chascunn scet il est apparant
Que ie suis ton amour querant
Icy/ou on ne le scet mye

On le scet heure ne demye
Ne sera teu ie ten asseure/
On ne le scet cest chose seure.
　Puis apres voyant que fortune
Luy auoit donne si bon eur
Print lucresse qui peu repugne
Et lors luy en bailla pour vne
Et labatit par grant chaleur
Car comme vng homme de valeur
Se monstra vaillant a la luytte
Qui fust tresplaisamment conduyte.
　Finablement la luyte faicte
Se mirent a boire & a manger
Lucresse dune amour parfaicte
Qui damour estoit ia refaicte
Mist eurial hors de danger
Et ses habis luy fist changer
Pour le mettre hors de sa maison
Ou de regretz fist grant foyson.

Prose.

Edit eurial en habit dissimule en la facon q̄
entre estoit en la maisō yssir dehors sans q̄ hō
me eust de luy cognoyssance. Et quant il fut
hors de dāger va dire en soymesme. Ha dieu si a ceste heure
lempereur me rencōtroit en cest habit/ce seroit occasion de
faire parler toute la court/& mon maistre vouldroit scauo￫
ir toute lauēture/mais au fort ie faindroye q̄ ce seroit pour
vne aultre femme q̄ pour lucresse veu q̄l en est amoureux
daultrepart iaimeroye mieulx mourir que faulcer ma foy

e iij

Côme ainsi donc fust quil allast les parolles dessusdictes en luymesme recitāt rencōtra deuẏ de ses cōpaignons auẏ quelz du tout se cōfioyt/dōt lung auoit nō nysus ꝗ laulrre achates/ꝗ to⁹ deulẏ estoyent escuyers d lempereur ꝗ passa sans que nulz deulx peust de luy cognoissance/mais en ceste façon retourna en son logis/despoilla ces villains habis prist son māteau/ꝗ se deuisa a son cōpaignō nisus ꝗ auoit long tēps pauant sceu son secret auquel il compta son auē ture/ꝗ quant ce vint au point de declarer le grant peril ou il auoit este en sa musse dist a son compaignon. Ne suys ie pas le plus fol du monde de mettre ma vie es mains dune femme qui est creature nō doubtable/desloyalle, muable/ cruelle/ꝗ subiecte a mille passiōs ꝗ pensez a quelqun meust trouue ꝗ cogneu quāt iestoye charge de bled quel deshon‐ neur pour moy ꝗ les miens/lempereur meust deboute com me hōme hors du sens/ꝗ scay bien que la loy iuliane est for te a ceulx qui sont trouuez violans mariages/ꝗ cōbien ꝗ le mary ne meust occiz/au moins infamemēt meust mene a mon maistre pour en auoir punicion ꝗ rayson/ mais en oultre sa peine dudit mary requiert plus cruelle peine que ladicte loy ne dit/car elle tue ꝑ voye de fait/par quoy ie co‐ gnoy que iay este plus eureux que sage/car de ma sole en‐ treprinse ma plus tost deliure fortune que mon sens cōbiē quant ie maduise point nen doy donner le louz a fortune/ mais au subtil engin ꝗ esprit de lucresse. O loyalle femme O tresprudente amoureuse. O grant ꝗ tresnoble vouloir/ certes seuremēt pouoye ꝗ deuoye mettre ma vie en tes ma ins. Certes se ie auoye mille testes toutes les bailleroie en ta garde/car tu es loyalle/caulte/prudēte/ꝗ sur toutes scez

deffendre tõ amy au besoing. O blãche poitrone. O doulx
& souefz yeulx. O prompt & subtil entendement Ha mon
compaignon achates il nest gueres de telles dames/car
iamays hester femme de assuere roy de lybie ne fust si blã-
che ne si belle que ceste cy. Ainsi que ouy auez eurial com-
pta son auenture en la forme & maniere quil luy estoit ad-
uenu audit achates/dont il multiplioit sa ioye. Et est a-
cropre que lucresse nen auoit pas moins/mays elle ne se
ousoyt descouurir a personne. Or aduint que en lostel de
lempereur y auoit ung cheualier extrait de noble mayson
du pays de ongrye qui se nommoyt pacours/lequel pare-
illement deuint amoureux de lucresse & pource que il estoit
beau filz pensoit & cupdoit bien eutant estre ayme comme
il aymoit/& que aultre chose ne gardoit lucresse de ce faire
fors honte seulement. Or est ainsi que lucresse comme da-
mes ont de coustume a chascun faisoit doulx & riant visa
gey qui est le vray art & cautelle de celler celuy a qui on a
donne son cueur/de laquelle chose enragoit pacours/& ne
peult appaiser son mal iusques a ce quil eust cognoissance
de la pẽsee de lucresse. Et comme ainsi fust que les dames
de sene eussent de coustume daller souuent visiter une es-
glise de nostre dame quon appelle bethleen ung iour y alla
lucresse acompaignee de deux ieunes pucelles & dune viel
le/laquelle chose vint a la cognoissance de pacours/lequel
sen alla cella part tenant en sa main une violette a pau-
pes dor/& dedans le tuyau dicelle auoit subtillement mis
une lettre close/en laquelle luy contoit tout son cas/dont
on ne se doit point esmerueiller/veu que la destruction de
troye fut mise en ung si petit liuret qui pouoit en une quo-

quille de noix. Et brief tant saprocha ledit pacours de lu-
cresse qui luy presenta la Violette en soy recommandant a
elle, laquelle la refusa, non obstant pacours p prieres laiſ-
ſa d la recepuoir, adonc la Vielle luy dist prenez hardiemēt
ceste Violette sans crainte, il ny a nul peril la chose est pe-
tite, et par ce cōtenterēt ce cheualier. Lors lucresse en ensuy
uant la psuasion de la Vielle print la Violete, mais gueres
ne la porta loing quelle ne la dōnast a lune des pucelles. et
tost apres vindrēt au deuant delle deux escoliers, lesquelz
par telle facon pricrent la pucelle quelle leur donnast ceste
Violette lo 2s incōtinant louurirent, et dedans trouuerent
vng rondeau en la forme qui sensuyt.

Rondeau.

Viuent les gorgias de court
Qui au col portent les colliers
Non pas ces lourdeaux escoliers
Aux quelz souuent largent est court.

Lung va le pas et laultre court
Laultre tient termes singuliers.
  Viue les gorgias etc.
  Qui au col portent etc.
Leur habit est vng peu trop court
Pour contrefaire des galliers
Gens de court sont les vrays pilliers
Des dames, et dont leur bien sourt.
  Viue les gorgias etc.

Et de ce rondeau vint vne hayne et enuie entre les escoli-

eres ꞇ les gens de lempereur en facon que apres que lesditz
eurent descouuer la subtilite de ladicte Violette ilz enuoye-
rent la lettre que dedans estoit enclose a Menelaus/ en
luy priant qui la list/ce quil fist voluntiers. Et incontinãt
la lettre veue sen alla menelaus en sa maison/ꞇ nest pas
a croyre comment il tenca sa femme ꞇ toute sa famille/
mays lucresse en soy deschargent nya que de ce feust con-
sentant/ꞇ dit le cas tout ainsi quil estoit aduenu. Et en tes-
moing de ce amena la Vielle/laquelle tesmoingna ainsi
estre vray ce que lucresse auoit dit. Et apres que le mary
cogneust la verite delibera daller faire plainte a lempe-
reur/ce quil fist. Et incontinant lempereur fist venir ledit
pacours/ꞇ luy demãda se ce dont on le chargoit estoit vray
ce quil confessa criant mercy a lempereur ꞇ a menelaus/
pmettant que iamais ne prieroit lucresse damours. Tou
tesfoysnon obstant ledit serment sachant que iuno la dees-
se ne se courouce point quant amoureux se pariurent a-
pres la deffence qui luy auoit este faicte plus songneuse-
ment pour supuir que par auãt. Liuer vint/les neiges grã-
des tumberent du ciel/ses ieunes dames de sene se iouoy-
ent comme est de coustume a getter de la neige aux ieunes
iouuenceaulx/pacours se voyant fist vne lettre laqlle il
couurist de cire/puis la mist en vne bolle de neige/ꞇ en fai-
gnant soy iouer la getta en la fenestre de lucresse/dont ad-
uint vng merueilleux cas.ꞇ fault dire q̃ mieulx vault la
benignite de fortãe q̃ sens raisõ ne entẽdemẽt.ꞇ a ce ppos
dit ouide q̃ trop mieulx vault vne heure de benignite de-
stinee soit en amours ou en bataille q̃ ne feroit la meilleur
lettre de recõmandacion q̃ la deesse venꝰ scauroit enuoyer

au dieu mars. Aulcuns vuellent dire q̃ fortune n'a pouoir sur ung sage hõme/cela ie cõfesse estre vray au regart des sages q̃ se iouyssent en seule vertu/lesq̃lz mis en poureté ⁊ maladie ⁊ enclos ou cheual phalaris cuident posseder vie bien eureuse/mais de tel est peu ou nulz/⁊ ne cuide point quelque chose q̃ l'on dye qu'il en ait este/car la cõmune vie des hommes a besoing de la faueur de fortune/laq̃lle est propice aux ungs/⁊ aux aultres tresnuysible/cõme ou cas d́ pacours dõt ceste histoire fait mẽcion on le peult cleremẽt cognoistre/car ces entreprinses furẽt bõnes/mais p̃ fortune ne sortirent p̃ffitable effect/car vous deuez sçauoir que la pelote de neige ou estoient les lettres de parcours cheust hors des mains de lucresse/⁊ alla tũber iusques deuant le feu/⁊ aduint q̃ p̃ la chaleur du feu la neige ⁊ pareillement la cire fondirent tellemẽt q̃ la lettre dedãs enclose apparut ⁊ fut baillee p̃ les vielles a menelaus/ dont noyses plus grandes q̃ deuãt furent en la maison ⁊ plaintes a l'empereur mais quãt pacours sceut q̃ son cas estoit derechief descouuert plus ne s'excusa/mais s'enfouyt hors de la maison de l'empereur/de laq̃lle fust des lors en auant bãny. Mais il n'est mal dont biẽ ne viẽgne/car cecy vint biẽ au propos d́ eurial/car pource q̃ menelaus se dõnoit peine d'obuier a pacours il ne se prenoit point garde de eurial. Et pource est vray le puerbe cõmun qui dit que a grant peine peult on garder ce qui par plusieurs lieux est assailly. Eurial aduisa une petite ruelle qui estoit entre la maison de lucresse et son voisin/⁊ pource que la ruelle estoit estroicte facilemẽt on pouoit monter es piez ⁊ mains iusques a une fenestre de la chãbre de lucresse/⁊ ne se pouoit faire q̃ de nuyt d́ paour d'estre veu. Or alla menelaus ung iour dehors en une mayson quil auoit cuidant la demourer toute la nuyt. Eurial qui ce iour attendoit se desguisa de robe et sen vint en ladicte ruelle en laquelle auoit menelaus lestable ò ses cheuaulx/ et p laide et cōseil de zosias entra eurial ausdictes estables attendāt leure assignee pour monter/mais il ny fust pas si tost musse que le palefrenier de menelaus quon appelloit dromo/lequel pour remplir les rateliers cōmenca a prendre du foin q̄ sur eurial estoit/ et en la fin leust trouue/ et frappe de la fourche se neust este zosias q̄ dauenture suruint/lequel quant il veit le danger ou estoit eurial dist au palefrenier/Baille moy ceste fourche/va penser de la cuisine/il nous fault faire bonne chere ce pendant que le maistre est dehors lequel est cōtent de longuement ieuner pour nous faire mourir de fain/ et la dame est toute liberalle/ et dit que cest grant follie de viure pourement affin de morir riche/le maistre pleure noz loppins/ et pas ne souffit a la maistresse de no9 dōner du beuf/mais des poucins chapōs et pigōs et du meilleur vin ò la caue en habōdance/ pource dromo mō amy va penser que soyons biē aises. Cest bien mon intēcion respōdit dromo/ et dois scauoir q̄ iay au iour duy cōuoye nostre maistre/mays au diable le mot quil ma dit/que mescheoir luy puist il/si nō que disse a ma dame q̄l ne reuiendroit de ceste nuyt/ et te scay bon gre de ce q̄ tu nay me point ce potron/car pieca men fusse alle de son seruice se ne eust este la courtoisie de ma dame. Or ne nous fault meshuy coucher/fors boire et faire bonne chiere. toutes ces parolles ouyt voluntiers eurial/notant la facon de seruiteurs en labsence de leur maistre/ pensant que autant en faisoyent les siens en son absence. Apres donc que dromo sen fut alle se leua eurial et dist a zosias/mon amy trop ie suis tenu a toy & a ton sens qui mas saulue destre decele ie te asseure q̃ point ne me trouueras ingrat enuers toy. Or vint leure assignee que eurial apres tous dãgers eschenez monta iusques a la senestre/laq̃lle trouua ouuerte/entra dedans ou il veit lucresse aprestant le bãquet q̃ au coucher apptient/& au plus tost q̃lle appceust son amy alla au deuant de luy & doulcemẽt lembrassa/& apres plusieurs petites mignotises & doulx baisiers q̃lz sentredonoyẽt la voile tendue se mirẽt a nager si auãt en lisle de ven⁹ q̃ le mas de la nef deurial p trop nager fut aulcunemẽt affoybli/lequel dame lucresse gracieusemẽt tenforssa par layde de la deesse ceres & du noble dieu bachns/mais biẽ petite fust la plaisance dõt tant aps eurẽt a souffrir/car point neurent le loisir de demourer vne seule heure en ioye q̃ zosias vint leur denũcier la venue de menelaus/adonc eurial aduisa de soy sauluer/& lucresse dabatre la table & musser ce q̃ dessus estoit/puis aller au deuant de son mary iusques a la basse salle/& quãt elle le veit luy dist en ceste manière. Ha mon amy pourquoy est tu si tart retourne certes ie me doubte q̃ ne me vueilles faire porter les cornes/mais garde q̃ ie ne le sache/q̃ gaingnes tu de si lõguement mabandõner cest la facon des maris dauiourduy qui sunt desloyaulx a leurs femmes. pourtãt pour moy oster de ceste suspicion p metz moy de nõ iamais coucher dehors/car sans toy ie ne scauroye viure/ie te prie bãquettons puis no⁹ en prõs coucher/mais toutesfoys on ma dõne du bon vin allons en taster ou celier mon amy lors print vne lanterne a lune des mains & son mary a laultre/& le mena ou celier/& le tint la si longuemẽt q̃ eurial auoit biẽ espace de soy en aller/puis sen alla coucher emps son mary/cõbiẽ q̃lle nauoit aggrea

ble chose q̃l fist. Le iour enfupuãt menelaus cõdẽnt sa fe/
nestre par ou eurial estoit entre le iour deuant ayant suspi
cion sur ledit eurial ꞇ par ialousie/cõsiderant aussi que lõ/
me est souuent peu ayme de sa femme dont souuẽt il iouyt
ꞇ mist desflors ledit mary telle garde a sa fẽme quelle neust
pouoir de rescripre ne riẽ mander audit eurial/ꞇ q̃ plus fist
partir ũng tauernier demourant empres sa mayson p̃ lor/
donnance des seigneurs de la cite/par quoy les poures a/
mans neurẽt plus despoir de pouoir parler lung a laultre
Et finablement eurial saduisa de ce que aultrefoys luy a/
uoit dit lucresse quil gaingnast pandalus le mary de ũne
des seurs de menelaus/ ũoulãt donc ledit eurial ensupure
la facon dung bon medecin trouua pandalus ꞇ le mena en
ũne chambre secrete ꞇ luy dist ce qui sensuyt.

Eurial adressant ses parolles a pandalus persua/
dant son amour subtillement.

Andalle mon amy parfait
Je tayme & prise tes vertus
Sans toy ie suis homme deffait
Par nul ne puis estre refait
Se vne foys me sers de refus
Jamays en tel estat ne fus
Comme ie suis pres de perir
Pourtant vueilles moy secourir.

 Tu scez comme nature humaine
Est subiecte a la passion
Damours/qui soubz son grant demaine
Par sa puissance souueraine
Nous tiens tous en possession
Pourtant amy sans fiction
Je ie supplie par amytie
Que tu prengne de moy pitie.

 Vray est que iay prins mon adresse
A vne dame de valeur
Que ie repute ma maistresse
Ta belle seur dame lucresse
A qui dieu doint ioye & honneur
Et y ay si fort mis mon cueur
Que ie porte maulx inhumains
Et elle nen souffre pas moins.

 Tu scez que son mary la garde
Et fait garder songneusement
Et voy selon que ie regarde
Que la toyson dor neust point garde
Si difficille aulcunement

Pourtant te prie benignement
Comme ung cueur qui de douleur tremble
Quelle et moy puissons estre ensemble.
 Tu cognois le gouuernement
Et les estres de la maison
Mettre me pourras seurement
En quelque lieu secretement
Sans quil en viengne mesprison
Item voys par viue rayson
Que tu garderas de dõmage
Lucresse et tout ton lignage
 Eslisons de deux maulx le moindre
Par toy pourrions estre saulues
Pourtant a ce ne te fault faindre
Ains dois du tout vouloir constraindre
A conforter les desolez
Se par toy sommes consolez
Ingrat ne seray du seruice
Car de moy auras bon office.
  Pandalus
 Tenir ne me puis de soubzrire
Quant iay bien en moy pourpense
A ce que tu mas voulu dire
Car ie te prometz mon beau sire
Que de seruir ne suis lasse
Et quant iay le fait compasse
Pour vous en faire bõne touche
Le fait tresfort au cueur me touche.
 Je scay pour vray et congnoy bien

Que tous deux estes en grant peine
Et qui ne trouuera moyen
De vous sauluer il ny a rien
Qui garde que mal nen aduiengne
Car iour ny a en la sepmaine
Que lucresse ne me desclere
Son piuure cas la chose est clere.
 Pourtant ie suis determine
Dobtemperer a ta priere/
Car le cas bien examine
Cecy ne peult estre mene
Fors par vne seule maniere/
Cest que de voulunte entiere
Acomplissez voſtre desir
Remede aultre ny puis choisir.
   Eurial
Fais le ꝗ conte palatin
Te feray ie te certifie
Son mary a vng aduertin
Sur elle, mais soir ou matin
Le deceputons ie le taffie
Mon amy en toy ie me fie
Va ꝗ fais bonne diligence
Car en toy gist mon esperance.
   Lacteur
Sur ce pas il est a noter
Que noblesse vient par premisse
Le plus souuent sans riens doubter
De fais que lon doit rebouter

Ou de grant & publique vice
Car par vng message propice
Pandale monte en grans honneurs
Pour luy & pour ses successeurs.
Or pour reuenir au propos
Pandale fist bien son deuoir
Lucresse nauoit nul repos
Et pour brief conclure a deux motz
Pour menelaus decepuoir
Luy dirent il te fault auoir
Quelque belle aguence qui plaise
Pour te porter tout a ton aise.
  Pandalus
Eurial en a vne belle
Se il te plaist ien parleray
Et croys quil nest point si tebelle
Que quant il en ourra nouuelle
Quil ne face ce quen diray
Prestement luy demanderay
Et selon ce qui vouldra dire
Tantost se te viendray redire.
  Lacteur
Pandalus va vers eurial
Et demande ceste aguence
Qui dung vouloir franc & royal
Et de bon amour cordial
Subitement luy fust donnee
Et sans nul delay emmenee
Car il est vray & dire lose

Quon ne doyroit aultre chose.
   Eurial
Il cheuauchera mon cheual
Et sa femme mentrez en lasse
Oı voyse par mont ou par val
Car dire peult bien que eurial
Na garde que lucresse laisse
Ne que pour riens iamais delaisse
Sa plaisance et son souuenir
Pour chose que puisse aduenir.
   Lacteur.
La nuyt vint a leure assignee
Queurial se deuoit trouuer
Pour parler a sa bien aymee
Mais la maison estoit fermee
Gardee dung vieillart reprouuer
Qui ne sceut moyen controuuer
Quen fin on ne le fist retraire
Par quoy eurial eust beau faire.
   Lucresse vint et ouurit luys
A son amy quelle attendoit
Quelle auoit dieu scet maintes nuytz
Souhaide en tresgrans ennuys
Dont contenance et sens perdoit
Par quoy de la ioye quelle auoit
Cheut en ces bras toute pasmee
Comme vne femme desolee.
   Lors eurial naure au cueur
Deant son amye en destresse

Souffroit si tresgriefue douleur
Si grant mal & si grant langueur
Quoncques ne sentit tel rudesse
Disant en plorant a lucresse
Je cognoys quamours sans soy faindre
Me veult cy acheue de paindre.

Eurial

O fortune tresdecepuable
Comment mes tu si fort contraire
En tes fais & si miserable
Que la mort mest plus aggreable
Que la vie a quoy deuons traire
Mieulx me deburoye faire detraire
Par les lyons & deuourer
Que se grief dueil cy sauourer.

Si ayme ie mieulx cy mourir
En quelque danger que ie soye
Que laisser mon amye perir
Par deffaulte de secourir
Ja dieu ne plaise que ce soye.
Helas mon espoir & ma ioye
Parle a moy qui meurs & souspire
Car ie sens quencor tu respire.

Lacteur

Le poure amāt eurial triste & desole en grant
effusiō d' larmes en lieu de vin aigre arrousa
la face de lucresse en facon q̃lle sesueilla/ & du
ne voix feminie en regardāt son amy eurial dolcemēt luy
dist. Helas mon amy & ou as tu este/pourquoy ne mas tu

laisse aler, car iestoye bien eureuse se ie fusse morte en tes mains, et pleust a dieu ainsi aduenir auant q̃ ie veisse ton departemẽt. Et apres ces choses dictes reprindrent leurs esgarez espritz, puis sen allerẽt retraire en la chãbre lucres se/se chouchere͂t, et la prindrẽt vne telle nuyt ỹe eut paris auec helene ou le dieu mars auec venus, et en la baisant et acollant leuoit la couuerte, ou a plain pouoit veoir la be-aulte dicelle, et disoit. Or suis ie satisfait o tous les maulx et perilz ou iamais ie feuz pour lamour de vous, car iay-meroye mieulx finir mes iours en ceste souueraine ioye, q̃ se par quelque cas de fortune inconstante me veoye de vo⁹ mampe banny et priue. O doulx embrassemens. O nuyt trop courte. Je te supplie appollo demeure longuemẽt sur terre, et me donne vne telle nuyt que tu donnas a Alchime-ne quant iupiter en lapsence de son mary estoit couche a-uec elle, car iamais ne trouuay nuyt si courte que ceste cy. Et pensez que lucresse nen disoit pas moins. Et deuez sca-uoir que de voyage quil feissent en lisle de venus nestõ͂t pas las ne lung ne laultre, ains estoyent plus fres apres la bataille que deuant. Ceste nuit passee laube du iour sur uint et conuint faire la piteuse departie deurial et de lucresse et non obstant quil y eust grant garde se rassemblerent ilz par plusieurs foys. Or aduint que ce pendant lempereur sigismond qui fust reconcilie a pape eugene delibera daler a rome pour soy faire coronner, la nouuelle du departemẽt en vint a lucresse, laquelle fort troublee et naurce iusques au cueur escripuit a eurial en ceste maniere.

  Lettres enuoyees p lucresse a eurial.

Se ie pouoye auoir telle courage
Que courroucer me peusse encontre toy
Pour le present ie te feroye oultrage
Car tu me celes ton depart ie le voy
O mon amy souuiengne toy de moy
Qui cy demeure piteuse & desolee
Et tu ten vas dont suis en grant desroy
En grant tristesse toute desconfortee

Tiens moy la foy que ma main as pmise
Et se iamais fis rien a ton plaisir
Moy qui me suis du tout a toy soubmise
Je te supplie acomplis mon desir
Emmene moy pour dieu viens moy saisir
Bien trouuerons la maniere & la voye
Car sur tous aultres ie tay voulu choisir
Et sans toy veoir viure ie ne scauroye.

Las ie faindray daller hors de la ville
A nostre dame de Bethleen cy pres
Et ne menray seulement que vne fille
Et la tes gens viendront & seront prestz
Pour moy charger/tu ten viendras apres
Et ne te chaille de deshonneur ne honte
Car nous lisons en liures par expres
Que paris print helene par tel compte.

A mon mary ne feras point diniure
Car sainsi est que ne memmeine point
Je te pmetz pour certain & te iure
Que languiray en piteux contrepoint
Et atropos ne me laissera point

f iii

Auec luy deust prens de moy pitie
Mon doulx amy/a noublie pas ce point
Je ten supplie par loyalle amytie.

Response enuoyee p eurial.
Se longuemēt tay mon dept celé
Cestoit affin q̄ ne te troublasse
Car le cueur triste auras a deso-
Quant il fauldra q̄ la chose se face   lée
Mais prent confort/car brief en ceste place
Retourneray/mamye/mon seul penser
Celle qui a beaulte a bonne grace
Car de te veoir ne me scauroye passer.

Mais au regart de ce que metz auant
Que ie temaine/il nest pas conuenable
Car ainsi mettre ton loz a bruit au vent
Me sembleroit chose desraisonnable
Pourtant mamye par pitie amyable
Console toy a vis en esperance
Car il nest chose au monde plus louable
Quauoir en cueur tousiours ferme cõstance.

Sil aduenoit que feissons tel oultrage
Tous deux serions en merueilleux danger
On te repute chaste/prudente/a sage
Pourtant te fault ce fol propos changer/
Car vngchascun vouldroit sur toy charger
Et sur les tiens en tant cōme il leur touche
Si quen la fin ne sen scauroyent vanger
Ains leur seroit immortelle reprouche.

Pourtāt mamye ma dame a ma maistresse

Penser te fault de garder ton honneur
Et apaiser ta douleur & tristesse
Et resiouir ton las & poure cueur/
Je reuiendray en brief temps ien suis seur
A dieu ma ioye/& tout mon pensement
Ma vie/mon bien/& toute ma doulceur/
Mon souuenir/& mon soustenement.

Lacteur en prose epylogale.

Apres que lucresse eut veu la lettre dessusdicte deliberade de croire le conseil deurial/& luy mãda p lettre q̃lle feroit ce q̃ lui auoit cõmande. peu de têps apres sen alla cesar a rome & eurial auec luy/q̃ au plus tost quil fust a rome cheut en vne fieure. O poure & infortune amoureux/qui dunept es enflambe damours/& daultrept embrase de la fieure/p quoy fut en telle pplexite que se neust este le bon cõseil des medecins lame se seroit du corps/& aussi lempereur en fist cõme de son ppre filz/& cõmanda q̃ tous les remedes cõuenable sans riens espar-
gner luy fussent baillez/mais de tous les remedes qui luy furent dõnez point nen y eut qui luy peust tant ayder que feirent vnes lettres quil receust de lucresse/p lesquelles il cogneut quelle viuoit saine & en bon point/lesquelles nou-
uelles grandement luy amoindrirent sa fieure/& le feirent leuer sur pied/en telle facon quil se trouua a la coronnaci-
on de lempereur son maistre/ou il fust fait cheualier/& re-
ceut lesperon dore. Apres le coronnement sen alla lêpereur a perouse/& pource que eurial nestoit encores du tout gue-
ry ne peult sen aller auec luy/ains demoura iusques a ce quil fust guery/& au plustost quil peult combien que enco-

res fust foyble en tenant sa promesse sen alla a sene/mais pource que lucresse estoit si songneusement gardee et de pres tenue plus que iamais ne fust en la puissance de eurial de pouoir parler a elle/et a grant peine la peust il veoir par quoy plusieurs lettres tant du quartier de eurial que de celuy de lucresse furent enuoyees/esquelles de rechief estoit faicte mencion de laller et rauisement de lucresse. Eurial tousiours cuidant trouuer facon de parler a elle demoura plusieurs iours a sene/mays quant en la fin veit quil ne pourroit parler a elle luy enuoya vne lettre/par laquelle luy ennoncoyt leure et le iour de son departement. Et deuez scauoir et penser quelle douleur et onyble destresse fut a leur departement car lucresse estoit a ses fenestres eurial cheuauchoit par les rues gettans ses poures yeulx esplorez vers la fenestre ou estoit lucresse qui nen nauoit pas moins/et estoient en estat tel comme ceulx qui sentoyent leurs cueurs estre attachez hors de leurs lieux/et nest pas la douleur de mort plus grande que la separacion de ces poures amans/car eurial et lucresse estoiēt doux corps conioinctz en vne mesme voulunte/ainsi que le sage phi/losophe Aristophanes disoit que les bons et loyaulx amis doyuent estre. Et par ainsi la separacion deux nestoit la diuision dung cueur dauec laultre/mais plus tost estoyt vngmesme cueur party en deux parties/dont lune demouroit et laultre sen alloit/par tous les sens estoyent separez et desioinctz lung de laultre/et pour la separacion chascun deulx plouroyt amerement la departie. Et nest celuy qui sceust penser ou escripre les peines que ces poures cueurs eurent apres leur separacion/comme par plusieur histoy/

res nous peult apparoir/ȝ entre les aultres de laudona laquelle apres le depart d prothesilaus qui alloit a la guerre de troye deuint hors du sens/ȝ au plus tost q̃lle ouyt sa mort ne peust viure heure ne dempe. Item de dido la royne de carthage apres le predestine departement de enee ne se tua ella pas? Porcia aussi apres la mort de brutus ne voulut plus demourer entre les viuans. Pareillemẽt fist lucresse dont est lystoire presente en lexemple des dessusdictes ȝ de plusieurs aultres/laquelle tant quelle peust conuoya ledit eurial de ses doulx regars/mais aussi tost quelle ne le peust plus veoir cheut comme morte ȝ pasmee a terre ȝ de la par de ses seruiteurs fust portee sur son lit/dõt elle ne bouga iusques a ce que lesperit luy fust reuenu/ȝ apres quelle eust recouure sentendement incontinant se despoilla de tous ses habillemẽs de soye/ȝ se habilla comme celle qui de soy ne tient plus compte/ȝ ne voulut seulemẽt monstrer son dueil que par les signes de ses habis/mais ne fust aulcun qui depuis la veit rire ne faire bonne chiere/parquoy elle demourant par certain temps en ceste douleur tomba en vne grande maladie/ȝ ne peust par quelq̃ consolacion sa pensee estre secourue/pource que son cueur nauoit point auec elle. Or aduint vng iour ainsi q̃ sa mere la tenoit entres ses bras en plorant auecques elle en la reconfortant/luy disant doulces parolles telles que en tel cas appartient/combien q̃ en vain la fist/lucresse piteusement regrettant le departement de son amy la doloreuse ȝ non contente ame mist hors de son corps/ȝ en ceste maniere fina ses iours. Et ledit eurial se departist dehors de la dicte cite de senes/ȝ luy estoyt la piteuse mort de lucresse

incogneu/mais si fort lauoit en son entendement que rien ne faisoit q̃ delle ne luy souuint en pẽsant incessamẽt cõme il pourroit trouuer façon de retourner a sene. Or fist tant eurial quil vint a perouse ou estoit cesar q̃ certains iours seiourna la/puis de la a ferrare/a mantua/a constance/a balle/τ en la fin en ongarye/τ en boesme/mais ne plus ne moins que eurial suyuoit lempereur par tous lieux ou il alloit/tout ainsi le suyuoit lucresse par songes/car durant le voyage ne luy laissa prẽdre repos que par nuyt ne la vit Tãtost apres ce que lempereur fust retourne en son pays vindrẽt les nouuelles a eurial de la mort d̃ lucresse/τ quãt lamant douloureux sceut quelle estoit morte pour la mour de luy eust tel dueil τ si grant quil nest a reconter/puis se vestit de robe de dueil/τ en soy courroussant contre atropos dist ce qui sensuyt.

La complainte decutial de la mort de sa/
mye lucresse.

Atropos paruerse & ihumaine
côtre nature dure felle & despite
Grât énempe d la iope môdaie
En tes effectz merueilleuse & soubdaine
Et en aigreur de morsure confite
Comment peulx tu estre si tressubite
Que sans auoir consideracion
As mis a mort ma consolacion.

Que nas tu eu regart a sa naissance
A son ieune aage/sa beaulte/sa valeur
Tu as fraude du tout mon esperance
Et as tourne ma ioye en doleance
Par ton cruel & ennuyeulx maleur.
Pourquoy nas tu refrene ta chaleur
En moderant ta fureur & ton ire
Sur ce ne scay que penser ne que dire?

Te prouffite plus sa mort que sa vie
Ou as tu plus chier mon dueil que ma ioye
Dont te promeut si merueilleuse enuye
Que par toy est vsurpee & raupe
Ma doulce amye de mon bien la monioye
Et fault par ce que desole ie soye
Diminue affoibly & casse
De viure au monde desplaisant & lasse.

Si te nomme faulce/iniuste/& inique/
Tresdessoyalle/paruerse/& douloreuse

Deshumanite ennemye publique
Souffrant tousiours passion frenetique
Qui tout murtrir par facon dangereuse
Par traison de mal contagieuse
Ne souffrant nul en son ioyeux respit
Ains tout happant par felonneux despit.
　Iay donc a toy raysonnable querelle
Et a bon troit trayson ie te impose
Puis que tu es ennemye mortelle
De mon ampe qui estoit la plus belle
Dessoubz le ciel & la plus doulce chose
Parquoy marry contre toy ie propose
Car faulcement tu as voulu mesprendre
De sauoir prinse se ne me vouloyes prendre.
　　　Lacteur.

pres ceste proclamacion faicte demoura le poure
eurial triste z dolant a merueilles sans quil prit
p̄solaciō ou plaisir a chose quil peust veoir. Adōc
lempereur veant son seruiteur qui tant estoit esperdu et
estōne pour la doloreuse mort de sa dame lucresse pēsant
p̄ quel moyen luy pourroyt faire oublier son dueil luy dō-
na a mariage vne moult belle pucelle/ sage/ prudente/ et
vertueuse/ fille dung noble duc/ a auec ce tresgrāde terriē-
ne/ a par ainsi eurial cognoissant auoir recouure vne tāt
bonne z hōneste p̄tie p̄ succession de tēps appaisa sa dou-
leur au mieulx quil peult/ ayant la souueraine empraiste
debās son cuent de sa dame lucresse c̄me vng bon z loyal
seruiteur doit auoir de sa dame. Or as tu mon amy ma-
rian lissue des amoureux eurial z lucresse/ z la fin cōme
il en aduint en nostre cite de sene/ par lequel ne prennent
enuie ceulx z celles qui se liront de vouloir faire lexperi-
ence damours/ ne de boire de son beuurage auquel a trop
plus daloes que d̄ miel/ mais a lexēple daultruy soyez si
cureux de euiter le dāger q̄ damours peult aduenir. Et a
dieu.

Lexcusacion de lacteur.

A tous ceulx qui cecy liront
Nous supplions treshumblement
Tiennent telz termes quilz vouldront
Hault ou bas/ car moyennement
Il procede z rudement
Tout est fait en gros bourguynon
Vous nous pardonrez franchemēt
Sans aduiser de nous le nom.

www.ingramcontent.com/pod-product-compliance
Lightning Source LLC
LaVergne TN
LVHW052106090426
835512LV00035B/1258